陈捷先 主编

道光事典

余新忠 编著

紫禁城出版社
The Forbidden City Publishing House

出版说明

清朝史事纷繁，史料浩如烟海。读者阅读相关书籍，往往对里面的地名、人名、制度、事件感到十分陌生，不知从何查索。这套《清史事典》丛书，便以清朝历代皇帝为单位，用年表式开列其在位期间的重要大事，再以辞典式文字来详解人、事、时、地等内容，使人一目了然，轻松掌握清朝史实。

本书由台湾著名清史、档案学家陈捷先主编，延揽两岸清史权威分别执笔。它有别于目前市面上传记、编年、辞典等类别的清史书籍，可说是第一部结合传记、年表、辞典的工具书性读本。每册集中介绍一代皇帝及其制下的王朝，主要内容包含"皇帝小传"、"皇帝年表"和"皇帝辞典"三大部分。其中，"小传"简要评说这位皇帝的特色与经历，"年表"清晰地展现当朝的重大事件，"辞典"则条理清晰地介绍、解释走入重大事件中的人与事。书末还附有"后妃表"、"子女表"、"年代对照表"、"辞条索引"、"译名对照表"等，以便读者查阅检索。

这套书在台湾出版后，受到社会各界的广泛好评。为满足大陆读者的需要，经台北远流出版公司授权，本社特以简体字形式重新出版，不足之处敬请读者不吝指教。

紫禁城出版社
2010年7月

主编的话

陈捷先

　　清朝是帝制中国的最后一个朝代，也是中国专制与民主政体的分水岭，因此清朝在整个中国史中具有承先启后的地位与作用，这是毋庸置疑的。在历史长河中，清朝确实也是中国由强变弱、由先进变为落后、由主权独立变为半殖民地的转折时刻，而日后中国的政治、经济、军事、外交、文化、民族等等的问题，又大都与清朝有着分割不了的关系，不是清朝演化的，就是清朝延伸的，这就使得清史研究至今仍有其学术与实用价值的主要原因。

　　然而清朝的史事纷繁，有宫廷的，有国内的，有边疆的，有国际的，有政经文教的，有军事外务的……真是不一而足，包罗万象。同时这些历史事象又能反映巨大世局的变化，更有深刻的历史内容，因此一个人若要研究清史，往往真有翻读《二十五史》的感觉，"不知从何开始"。清朝的史料也是浩如烟海，有汉文的，有满文的，有其它少数民族的，也有东洋与西洋的，要搜集、整理、编印、利用这些资料，实在不易。同时清朝史料还有内容失实的、伪造的、互相抵牾的、简略疏漏的，不经专家学者精心考证分析与去芜存菁，势必不能取得有益的、可信的素材，根本写不出让人共信的历史。

　　所幸近几十年来，清朝深宫大内的珍藏，中央与地方的档册，非汉文的多种国内外语文史料，逐渐编辑或翻译成书了，而专家学者们的研究成果也日新月异的陆续问世了，这给治清史的人提供了不少参考之资。不过这些学术论文、专书与史料汇编，有的过于专精艰深，有的分散不易获得，对研究、教学及一般人士的利用，仍有不便之处。台北远流出版公司为服务各界，特发起编纂《清史事典》丛书，邀约清史学者多人，分别执笔，以清朝历代皇帝为单位，用年表式开列其在位期间的重要大事，再以辞典式文字来详解人、事、时、地的内容，使读者一目了然，容易掌握当年的史实。本丛书出自多人之手，写作时间又不多，疏忽与错误之处在所难免，尚望方家君子不吝指教，以便再版时修正。

前言

在中国历史上，道光说得上是一个有名的年号，道光二十年（1840），中英鸦片战争爆发，一般认识上的中国近代史从此拉开了序幕。随着鸦片战争在后来历史记忆中的不断被重复，道光也往往被一再提及。不过，在历史研究中，由于较长时期内一直存在古代史和近代史的分野，道光这一年号虽然时时被人提起，但其所处的一头、一尾的位置，反倒不容易让人们给予其专门而具体的关注。显然，整体而非断裂、深入而又细致地探究道光朝的历史，对全面系统地认识中国近代社会的变迁来说是十分必要的。自然，我们不可能奢望通过这样一本通俗读物性的小书来达致如此宏大的目标，不过也真诚地希望通过对这一时期一些历史事件、人物以及社会运作机制等的呈现和解说，让人们对当时的状貌有一个更加具体而"客观"的认识。

在相当多有关鸦片战争和中国近代史的叙事中，往往都会论及满清王朝的夜郎自大、盲目排外和腐败无能，若单单以今日的眼光视之，这样评判当然是恰当的。不过，若立足当时的历史情境，恐怕还难说这样的指摘不无"事后诸葛亮"之嫌。从中国历史发展自身的脉络来看，平心而论，当时的国家机器尽管问题多多，但大体也还运转正常。当朝天子道光皇帝，固然算不上有雄才大略，但也勤恳敬业，对于要经营好祖宗留下的基业抱有强烈的使命感，始终能兢兢业业地对待自己作为一个君主的职守。若没有遭遇数千年来前所未有的变局，他或许是一个不错的守成之君。也许他真的是生不逢时，祖宗遗留下来的种种"无往不利"的外事经验，他执政初期对付西北"化外之夷"的胜利，似乎都无助于其更有利应对出现于东南的全新敌人，三十年的苦心经营，换来的却是内忧外患和朝政的江河日下。显然，这是一个需要大智慧、大气魄的时代，然而，当朝的君君臣臣却偏偏大抵是一些局限于旧格局的庸常之辈。

这是历史的必然，还是时代的误会？

不管怎样，历史已然如此，也不管以怎样的曲折和方式，中国文明终究也已汇入全球化的新格局之中。当初在遭遇全新的西方文明之时，中国这个庞大的农业帝国显然不会全无是处，不过战败本身，就足以昭显这一古老文明的缺陷和积弊丛生。战争自然令人诅咒，不过开放和交流却是匡救一个文明弊端并保持其活力的不二法门。一百多年来，人类社会饱尝了战火的苦楚，也深切体会到了开放交流和文化多元、文明共生共荣的嘉益。鉴往思来，难道我们不应该更好地吸取开放交流的经验并牢记战争的教训吗？

凡例

1. 本书正文分为"小传"、"年表"和"辞条解释"三大部分，依年代先后编排，特别以黑体字标示出辞条条目。
2. 为了便于对照参阅，每一开页上半部的年表和下半部的辞条解释力求相互呼应，或可于前后页索得为准则。
3. 关于日期的表达方式，统一以阿拉伯数字代表阳历日期，以汉字代表阴历日期。日期不明确者，集中于该年之末，这部分的公元纪年以灰色字表示。
4. 每个辞条中，每个年号首次出现时均附加公元纪年，其余除日期明确或特殊状况外，不另行标注。
5. 人名、地名等因音译而有不同译名时，本书力求统一用法，以避免因混用而造成困扰。但于个别辞条解释中，再将不同的译名列出，供读者参考。
6. 本书共选取468个辞条。
7. 书末附录包含"道光皇帝后妃表"、"道光皇帝诸子表"、"道光皇帝诸女表"、"年代对照表"、"辞条索引"及"译名对照表"等，方便读者查阅检索。

目录

出版说明 3
主编的话／陈捷先 5

前言 9
凡例 11
道光皇帝小传 15
道光皇帝事典 45
附录 277
   1.道光皇帝后妃表 279
   2.道光皇帝诸子表 282
   3.道光皇帝诸女表 283
   4.年代对照表 284
   5.辞条索引 286
   6.译名对照表 296

【清宣宗】
道光皇帝小传

姓名：爱新觉罗·旻宁

父亲：仁宗嘉庆皇帝颙琰

生母：孝淑睿皇后喜塔腊氏

出生日期：乾隆四十七年八月初十日寅时

登极日期：嘉庆二十五年八月二十七日

称帝年龄：39 岁

在位时间：30 年

薨逝日期：道光三十年正月十四日午刻

享年：69 岁

年号：道光

谥号：成皇帝

庙号：宣宗

陵名：慕陵

【清宣宗】
道光皇帝

清道光二十二年八月初一日（1842年9月5日），正是处暑时节，尽管立秋已有些日子，但夏日的余热尚未褪尽。入夜，绝大多数中国人在度过了平淡、忙碌而稍感燥热的一天后，正是纳凉休憩之时。然而，他们大概做梦也不会想到，紫禁城内的当朝天子旻宁，一位年届六十的老人，迎来的却是一个不眠之夜。是日，中英开战后的城下之盟——《南京条约》传到了北京。该条约给这位老人带来的心理创痛实在难以言表。史书记下他当时的反应：

> 上退朝后，负手于便殿阶上，一日夜未尝暂息。侍者但闻太息声，漏下五鼓，上忽顿足长叹，旋入殿，以朱笔草草书一纸，封缄甚固……盖即谕和诸臣画押订约之廷谕也。

翌日，即八月初二日（1842年9月6日），中国正式批准《南京条约》。历时两年多的鸦片战争就此画上了句号。两年多的调兵遣将，两年多的宵衣旰食，换来的却是屈辱的割地、赔款以及丧权。这又怎么能不让这位堂堂"天朝大国"的君主"长太息"乃至"顿足"、"捶心"呢？

一百多年过去了，这场战争，这一条约，给道光造成的创痛早已淹没在历史的长河之中。但是，它们赋予他的无能的声名和庸碌的形象却似乎不见褪色地在国人中流传了一代又一代。

不自觉中，"道光"成了表示一个新的历史时期开端的符号，也成了中国历史上最知名的皇帝年号之一。然而，在这著名的背后，作为一个君主，作为一个人的真实意味，对绝大多数人来说，却处在一片茫茫之中。……

一、身世经历

乾隆四十七年八月初十日（1782年9月16日）清晨，北京紫禁城内撷芳殿中，一阵忙碌，大清皇室又一位皇孙来到了人世。他便是爱新觉罗·绵宁，清朝后来的第八代（入关后的第六代）君王——道光。

是时，宇内承平，府库充盈，国力强大，一派盛世景象。而绵宁更是出生在阳光灿烂之中。他的祖父乃当朝天子，著名的乾隆爷。父亲是已被秘密立为皇储的颙琰，即后来的嘉庆帝。母亲喜塔腊氏，颙琰的嫡福晋，即后来的孝淑皇后。虽然三年前，绵宁就已有一个哥哥降世，但仅三月，尚未来得及命名便夭亡了。也就是说，他一出生实际上就具有了皇帝嫡长子的地位，预示着，他天生就比其诸多兄弟拥有更多未来享受九五之尊的机遇。

此后，他的生活可谓无忧无虑、一帆风顺，直至登上帝位。六岁（为虚岁，下同）开始从师读书。十五岁，其父嘉庆帝登基，正式成为皇子。当年，在父亲的指定下，娶妻成婚。嘉庆四年四月初十日（1800年5月14日），被秘密立为皇储。这时他不过十九岁。尔后，在并不明确的等待中，他度过了二十一年的储君生涯。嘉庆二十五年七月二十五日（1820年9月2日），嘉庆突然病逝于承德避暑山庄。次日，他顺利荣登大宝。这一年，他正年届不惑。

从此，道光在皇帝的宝座上一坐就是三十年，成为清代列康熙、乾隆之后，执政时间第三长的君王（光绪虽在位三十四年，但亲政时间很短）。道光三十年正月十四日（1850年2月25日），在太平天国这一"山雨"欲来之际，在圆明园撒手人寰。享年六十有九。在清代诸皇帝中，年寿仅次于乾隆，而与康熙并列第二。

二、储君生涯

由于是已被秘密立为储君的实际嫡长子，所以，绵宁的出世，无论是对年逾古稀的祖父乾隆还是正当盛年的父亲颙琰，都是一种无比的欣慰和希望。其日后的生活和教育自然也就备受重视。在优越的环境中，他度过了无忧无虑的欢快幼年。按皇家的规矩，自六岁起，绵宁开始入学读书，先后师从翰林院编修秦承业、检讨万承风、礼部右侍郎汪廷珍等当代名士宿儒。满清皇家的课题制度十分严格，皇家子弟天不亮就得上书房读书，而且日日如此。课程内容从经史、书法、诗文到满语、骑射等，无不包括。绵宁好像也确实是一个乖孩子，他没有辜负乃祖、乃父厚望，遵规循矩，于习文练武，样样用心。早年，"受诵经史，稍长，即于讲肄之暇，留意篇章"。今天，我们从他留下的诗文、手迹以及继位后常常在文华殿的经筵上侃侃而论儒家经典的记载看，他早年的学习训练应该是严格而有成效的。

少年时代的绵宁似乎不仅聪颖好学，而且还颇孔武有力。乾隆五十六年（1791）八月，绵宁随其祖乾隆至威逊格尔行围，年仅十龄的他在首次行猎中便大显身手，引弓放箭，一举中鹿。令八秩老人乾隆爷大喜，当即颁赐黄马褂、花翎。还赋诗曰："是宜志事成七律，所喜争先早二龄。"是说他本人十二岁初次随扈行围得熊，而绵宁早他两岁就初猎获鹿。尽管我们有理由怀疑绵宁是否真正是获鹿猎手，但从中大概也不难看到，绵宁此时已具有一定骑射技能。而且重要的是，乾隆的龙心大悦，对他未来的政治前途产生非常有利的影响。

1796年（嘉庆元年），乾隆传位于嘉庆，十五岁的绵宁也由皇孙变成了皇子。当年十一月，绵宁"赐成大婚礼"，娶户部尚书布彦达赉之女钮祜禄氏为妻，即后来的孝穆成皇后。在婚礼上，乾嘉两代君王一道光临祝贺，使其光彩无比。长大成人的绵宁，仪表大方，谦恭有礼，为事谨严，全无纨绔习气，深得两代帝王之宠爱。自此，"两朝恩眷，日加隆焉"。四年后，即嘉庆四年四月初十日（1799年5月14日），仁宗在亲政后不久，即遵建储家法，亲书绵宁之名，缄藏镡匣。

不过这一切，绵宁当时自是无从知晓。虽然圣眷正隆，但父皇的真正想法，又有谁能完全清楚呢？他是实际的嫡长子，但毕竟还有三位皇弟，不到最后时刻，花落谁家，就一直是一个令人苦心揣度并争取的谜。好在绵宁尽管少年得志，却不是那种自矜虚浮的人，他内敛持重，似乎深深懂得，作为一个储君该担当的角色，既要表现出对朝政国事的判断力，又不能表现出对权力的过分热心。嘉庆之世，各种社会矛盾日渐激化，特别是川陕楚白莲教大起义，搅得仁宗寝食不宁。但绵宁却甚少介入。平常的日子，他在父皇赐名的府邸"养正书屋"深居简出，"日与诗书相砥砺"，最后写成了《养正书屋诗文全集》。他还手书"至敬、存诚、勤学、改过"四个条幅，挂在屋中。这当然可以理解为修身养性之举，但其中似乎也不无有意向皇父表露心迹的作秀成分。

当然作为事实上的储君，绵宁不会只是与诗书作伴。实际上，仁宗为使祖宗基业永固，也不可能不暗自对他着意栽培。除了常常"课以词翰"，督促其学习外，嘉庆还不忘利用各种机会，进行传统教育，以便让其牢记"缔造维艰，守成匪易"的道理。另外，还有意让他直接参与某些重大国务活动，特别是一些象征性的国务活动。比如，每年祭拜祖宗的大礼，往往让绵宁随行；前往高宗裕陵举行敷土大礼，有时也让其"恭代"；而郊坛祈年、祈雨的"祈报"，以及有关陵庙的祭祀等活动，更是多由他代行。如果说这些活动还多少缺乏实际锻炼意义的话，那嘉庆十八年（1813）发生的一突发事件，既实实在在考验了他的处变能力，又为他添就了绝佳的政治资本。

这一年的八月，绵宁又一次随父皇秋狝木兰（今河北围场）。后因阴雨减围，奉命先期回京。这一回来，正赶上了一场震惊朝野的大事变。九月十五日（1813年10月8日），经过长期策划，天理教首领林清率领教众，在宫内太监的接应下，突然向紫禁城发起进攻，史称"禁门之变"。起事教众在太监的引导下，分为两路，由西华门、东华门攻入紫禁城。时绵宁正在上书房读书，闻讯即命侍者携鸟枪、腰刀等出门迎敌，并下令看好四门，敦促官兵入内剿捕。这时，攻入西华门的一支，已杀到隆宗门，并正逾墙进入皇城。绵宁立于养心殿阶下，以鸟枪连续击中两名已经爬上房顶的教众。其余教众见势挫而退，大内守军乘机攻剿，终被平定。这一事变，使得绵宁在内廷上下人等心目中威望大增。嘉庆帝在回京途中得到奏报，即封绵宁为智亲王，增俸银一万二千两。绵宁并未就此居功自傲，而是上谢恩奏言："事在仓猝，又无御贼之人，势不由己，事后愈思愈恐。"不仅展示了他处变不惊的果勇，也体现了"不矜不伐"的良好政治素养。

自此，绵宁的继位基本已只是时间问题了。

三、继承大统

皇帝的继位历来是民众和小说家猎奇和关注的焦点之一。不过，绵宁的登基，实在是一次让传奇故事家失望的权力交接。尽管人们还是从史料的记载中找到了若干疑点，但怎么也想象不出嘉庆有可能想把宝座传给他人的任何迹象和理由。

嘉庆二十五年七月十八日（1820年8月26日），年逾花甲的仁宗再一次，也是最后一次带领绵宁和皇四子绵忻以及众文武大臣前往木兰举行秋狝大典。二十四日（1820年9月1日），到达避暑山庄。不料嘉庆帝突然发病，疗救不及，于翌日晚八时驾崩于山庄烟波致爽殿。

据《清宣宗实录》记载，是日傍晚，嘉庆病情转剧，遂召集赛冲阿、托津、戴均元等御前、军机大臣，公启镭匣，出示御书，立绵宁为皇太子。嘉庆去世后，绵宁"恭视小敛毕，扈从诸臣遵奉朱笔遗旨，请上即正尊位"。越四日，皇太后钮祜禄氏的懿旨亦送到了热河，内称"但恐仓卒之中，大行皇帝未及明谕，而皇次子秉性谦冲……为此特降懿旨……驰寄皇次子，即正尊位"。

从以上记载看，绵宁的继位不仅完全符合正常程序，而且还拥有太后懿旨，具有双重的合法性。不过，本来事起仓促，而继位过程却仍是一循常规，完整无缺，反而令人不得不产生疑惑。首先，按家法，秘密建储的镭匣应藏于乾清宫"正大光明"匾额后，嘉庆身体素健，这次出行怎么会想到将其取下随身携带呢？其次，如果确如实录所言，嘉庆驾崩前已启匣立储，那么，皇后在得悉嘉庆去世的奏报时也一定会知道绵宁已被立为太子，但实际上，懿旨中却称"但恐仓卒之中，大行皇帝未及明谕"。两者岂不矛盾。最后，退一步讲，我们认可人们在慌乱之中向皇后漏报了立储这一细节，也就是说，她并不知晓嘉庆立绵宁为皇太子一事，那她又有什么理由要"特降懿旨"，让绵宁"即正尊位"呢？实际上，皇太后特降懿旨这一细节本身就值得人们玩味。

时光不复，这些疑点要予以完全澄清，恐怕不可能了。不过，不管怎样，人们感到疑问的是绵宁即位的程序，而非其即位本身。而且综合《清史稿》等书的记载，这些疑点大概还是可以解释的。当时，"事出仓猝，禧恩以内廷扈从，建议宣宗有定乱勋，当继位。枢臣托津、戴均元等犹豫，禧恩抗论，众不能夺"。直到第二天，侍从找到了嘉庆随身携带的秘密建储的小金匣，群臣遂拥戴绵宁即位。绵宁没有在皇父宾天前乃至宾天的当天被启匣拥立，尽管有些不尽完美，但应该不妨碍其继位的合法性。这些程序上的小毛病，至多不过一个无关宏旨的小插曲。不论是在二十五日，还是二十六日，绵宁终究是顺利地继承了大统，成为了大清王朝入关后的第六代皇帝。

八月二十七日（1820年9月4日）黎明，绵宁在太和殿举行了隆重的即位大典，颁诏天下，改明年为道光元年。此前，为了避讳的需要，他将自己的名字由"绵宁"改为"旻宁"。

四、勤政图治

旻宁虽然有幸十分顺利地登上了大宝，不过，他从父皇手中接过的基业，却已是一派"四海变秋色"的衰世景象。大清王朝经过近两百年的运行，至此已积弊丛生。就其大者，除边患、鸦片（后文再论）外，主要有以下几端：（一）财政支绌。清代国家的岁入主要由地丁、盐课、关税等项组成，其中以地丁为主，数额是基本固定的。由于岁入有常，乾隆朝，虽然发动了"十全武功"，国库存银仍持续增加。乾隆五十六年（1790）达八千万两。嘉庆继位后，国库存银日趋减少，至道光继位时，只剩一千多万两。（二）武备废弛。满清军队，曾经是一支能征善战的队伍，然而时代的前进非但没有使其军力相应增强，反而日渐颓废。军队的编制、武器，一百多年来，并没有实质的变化，而由于承平日久，社会风气的改变，军人的尚武精神日渐消退，军队和兵额渐渐成了他们腐化谋利的工具。军队平时疏于操练，军纪败坏，虚冒兵额、吸食鸦片、酗酒闹事、窝娼聚赌等等恶习成风。战斗力自然严重下降。（三）吏治败坏。官员的贪污腐败现象，古今中外无不存在，本不足为怪。严重的是这时的腐败往往以陋规、捐纳这样合法或无罪的名义出现，也就是说，腐败已成为一种体制性的腐败，成为社会的一种公开的"秘密"。（四）民变频仍。自18世纪以来，人口暴增，至嘉庆末达三亿五千三百万，人地关系日趋紧张，同时，其他产业虽有发展，但仍无法满足快速增长的人口的就业需求，社会就业问题愈益严重。以致社会游民大增，贫困人口众多，民变频仍。（五）盐、漕诸政弊坏。清代盐政和漕政是直接关系国家及其正常运转的大政，朝廷一向十分关注。盐税是国家仅次于地丁的重要财源，当时，由于官引滞销，私盐泛滥，各盐商连年亏欠。同时，因大运河河道淤浅，以及办漕官员贪污中饱，维系京师粮食供应的漕粮北运亦常常受阻。如此这般，以致有人称，道光继承的是"一个荒淫而腐败的朝廷，一个无秩序而贪污的政府，以及一个被叛乱弄得百孔千疮的帝国"。

　　道光继位时已是近四十岁的中年人，长期的储君经历使他不可能不对如此众多的社会问题有所了解，何况他聪明好学。问题虽然严重，甚至可以说已是危机四伏，但道光并不感到泄气，他是一个有强烈责任心和较大抱负的君主。至高无上的权力带给他既有满足和兴奋，但更多的似乎还是责任。他深感祖宗创业不易，祖宗的基业决不能败落在自己的手里。即便不能再铸过去的辉煌，至少也要把祖宗的成规能顺利的保留并推行下去。为此，他在即位之初，就亲笔书写"清、慎、勤"三字巨匾挂在寓所，以勉励自己振刷精神，整顿朝纲，祛除积弊。为了尽快将纷繁复杂的政务清理出一个头绪来，他几乎全身心地投入到了政务之中，事无巨细，亲自过问，披阅奏准，夜以继日。即使是节日和素服期间，也要求奏章随时呈送。他似乎希望首先在群臣中树立"勤"的模范形象，引导他们亦勤于政事，来开展推行他的一系列改革。

　　"为政首在得人"这一传统的为政之道，受过严格执政训练的道光显然早已谙熟于心。正式登基不到十日，就以嘉庆遗诏有错为借口，对权力中枢——军机处作了重大人事调整。命托津、戴均元退出军机处，补充曹振镛、英和等人入值。随后，接受英和的建议，谕令各省督抚藩司逐一清查赋役征收中的陋规，"应存者存，应革者革,秉公详议"。试图向腐败的吏治开刀。同时,开放言路,让臣工积极建言,并要求"指陈弊端,务将如何措施,可以挽回积习之处,切实敷陈,以凭采择"。不过,道光最初的振作似乎并不顺利。其下诏清查陋规,他实际是想学习他的曾祖父雍正火耗归公的办法。承认一部分陋规,取消一部分陋规,控制其发展,可谓用心良苦。然不料,上谕一发出,便遭致了朝廷内外的一片反对,汤金钊、汪廷珍、孙玉庭等纷纷上书,要求停止清理。他们认为,这样做,其一是陋规可能因此而增多,因为承认一部分陋规是合法的,官吏胆子更大,还会"求多于例外";其二清查会滋扰百姓,搅得百姓不安生;其三明确某些陋规该留,上渎圣听,于政权形象不利。实际上,清查如果实行得好,并有其他的澄清吏治措施相配合,应该会取得效果。但道光终于还是在群臣列举的清查之种种困难面前屈服了,最终决定顾名不顾实,罢免英和军机大臣职务,下令停止清查。问题自然不会凭空消解,既然英和之计无益民生、有伤国体,那也应该有更好的办法才是,不过道光似乎想不出来,而只是说了一番空话以自欺欺人:

各大吏正己率属,奖廉黜贪,如有苛取病民之事,立加黜革厘正,斯吏治澄清,民生日臻饶裕矣。

"冰冻三尺,非一日之寒",数十上百年的积弊,欲一朝廓清,没有大智慧和大气魄,而仅凭勤恳和热情,难免要碰壁。

最初的挫折并没有让道光稍感灰心,这至多不过是由于其新任不熟悉情况而误听误信的一个小插曲而起。他依然信心满怀地欲通过整饬朝纲,兴利除弊,以使日渐败坏的祖宗基业出现新的气象。经过一番深思熟虑,他感到,社会之所以弊端丛生,根源就在于上下蒙蔽,官吏弄虚作假、虚应故事。所以要根本解决问题,关键就在一个

"实"字，行实政，办实事，用实人。所以，他在御极的最初几年中，屡屡在大臣的奏章上写下"虚心实行"、"实力实心"和"诸事从实，勿尚虚文"等等之类的批语。希望通过自己以及督促臣下"实心实力任事"来解决种种社会问题。为此，他大力提拔起用了一批奉公求实，办事认真细致的官员，比如王鼎、陶澍、林则徐、琦善等。而且，在众多具体政务处理上，也时时注意体现了行实政之原则。比如，他感于国库空虚，而官场浪费严重，一上台就着手整饬虚靡，提倡节俭。认为人之衣食，吃饱穿暖就够了。为率先垂范，他曾穿着打补丁的衣服上朝。多次裁减各地进贡物品。有一次，皇后祝寿，他传谕"多备些面条，让内廷人员吃个饱即可"。对于官场风气的败坏，他认识到，捐纳的恣意推行是重要原因之一，就于二年（1822）下令，"嗣后现任官员不准加捐职衔，著为例"。又如，他在盐政、漕政等问题上，针对实际困难，也往往听取一些切实有效的改革办法。五年（1825），由于上年洪泽湖溢口，运河河道浅阻，漕粮北运受阻，道光帝果断听取英和、琦善、陶澍等人的建言，试行海运。命江苏巡抚陶澍具体筹办。六年（1826），苏省所属四府一州漕米一百六十三万余石顺利从上海经海路运抵天津。既省时，又节费。面对盐课的严重亏损，道光也能最终听取了两江总督陶澍等人意见，让其从十年（1830）起，在两淮盐业专卖区推行"票盐法"，于各场设官收税，无论何人，只须照章缴纳税课，即可领票运盐贩卖。使私盐现象大为减少，盐课收入得到保证。

如能上下一心，君臣共同实力办事，最大限度地减少官场习气，自能使社会这台已经严重磨损的机器变得润滑而运转正常。道光在其执政的前十几年中，凭着他一以贯之的勤政和锐意求实祛弊，确实取得了一些成效。比较明显的是，国库存银较嘉庆晚年有了较大的增加，从元年到十四年（1821—1834），平均每年有二千七百一十六万余两，差不多增加了一倍。漕政、盐政的改革一时收效明显。另外，对黄河、运河等的治理，也取得一些局部成效。国家荒政，在陶澍、林则徐等人尽心推行下，也让灾区民众多沾实惠。比如，在江苏，一时出现了"道路传言，皆谓之清赈"的难得景象。

然而，数千年来形成的官场积习，岂是一个"实"字所能根本剔除的。实际上，在现行的官僚体制中，欲完全实心任事而不尚虚文、虚言搪塞，不仅臣僚，就是他自己也无法做到。执政之初，在有关清查陋规的问题上，他最终不是也只好虚言了事吗？只要专制君主不无虚骄之心，不能完全克服爱听好话这一人之常情，又怎么可能杜绝臣下之阿谀奉承，上下其手，虚应故事，甚至阳奉阴违呢？其实，道光虽然也拔用了一些求实廉能之臣，但其身边的股肱大臣，如曹振镛、穆彰阿、潘世恩等人，都是一些"以多磕头，少说话"为官之道的老成持重、小心谨慎的庸碌之辈。可见，由于体制以及人性等因素，道光一心倡导的"实政"本身就是大有折扣的。更何况，他并不是那种"挽狂澜于既倒"型具有雄才大略的帝王，本质上，他是一个谨慎而恪遵祖制的守成之君。一即位，他就宣布：

> 规模制度，典册具存，朕遏敢更易？一守成宪，犹惧不及，何好恶之有？

在他看来，祖宗传给这份基业，虽有些老损，但只要实心及时修补，"自然一律整齐"，依旧无可挑剔。犹如一台有些磨损的机器，只要时时以"实政"为其注入一些润滑剂，它就可以运转如初。至于这台机器本身的设计或运作机制是否存在问题，是他没有考虑也不敢去想的。所以，一旦实政与"祖制"发生冲突，实政也往往要放在一边。这典型地反映在他对盐漕的改革上。道光六年（1826），他让陶澍等人试办海运，并不是要为改革做试验，而是现实面前的不得已之举。在他的内心，"海运只可暂行，河漕计必久远"。故明明事实证明海运功著费省，但他仍下令第二年恢复旧规，实行漕运。"票盐法"虽然收效良好，但毕竟不符祖制，故亦不能大力推广，终致半途而废。

五、平定西北

若要清理大清王朝留给我们今天的遗产，首当其冲的大概要算版图了。时至道光之际，虽已不再有康雍乾时期南征北战、开疆拓土的盛举，但在维护边疆，主要是西北边疆的稳定与领土完整方面，道光还是取得了值得称道的业绩。

嘉庆二十五年八月三十日（1820年10月6日），道光正式登基才三天，新疆天山以南回疆边乱的烽火就传到北京。乌什办事大臣巴哈布奏称，八月十一日（1820年9月17日），回疆卡外的安集延、布鲁特人犯边。但当时道光诸事忙乱，头绪纷繁，对这一遥远的边乱并没有给予哪怕只言片语的回应。七天后，即九月初七日（1820年10月13日），喀什噶尔参赞大臣斌静的紧急奏报再一次向道光敲响了警钟，这时，他才得知，这次回疆边乱的首领原来是张格尔，他一下子就警觉了起来。

张格尔是曾经割据新疆的和卓后裔，其祖博罗尼都于1758年（乾隆二十三年）在喀什噶尔被清朝所杀，遗有一子萨木克，托庇于浩罕。张格尔系萨木克次子。由于其所在的玛赫杜米家族曾长期统治天山南麓广大地区，在政治上、宗教上都有广泛的影响，故颇得当地穆斯林的支持。他不满于在浩罕的流亡生活，一直图谋夺回喀什噶尔，重新统治回疆。浩罕则利用清廷争取边境地区安宁的愿望，不断以此为要挟，以获取在贸易上的某些特权。要求得不到满足，就放出了一直声称要打一场"圣战"的张格尔，以坐收渔利。同时，张格尔叛乱还与英国殖民主义者活动有关，其队伍的装备和训练都曾得到英国人的帮助。

张格尔的背景似乎让他隐约地感到一些问题的严重性，不过他更放心不下的还是当地官员。他多少知道斌静并不是位能实心办事的官员，故而，他的第一反应便是谕令伊犁将军庆祥带兵星夜兼程，驰赴喀什噶尔，敉平动乱，并查清起事缘由。其实，这次张格尔率三百余人的叛乱，不过是一次小小的骚扰，很快就被清军击溃。叛乱虽然轻而易举地平定了，但道光并不想就此罢休，他一而再，再而三地向庆祥追问边乱的起因，为了不使自己下属殃及自身，庆祥没敢将斌静荒淫无耻、为非作歹的种种劣迹据实陈奏，而是以避重就轻的办法予以回护，结果只是将斌静革职了事。庆祥保护了斌静，但却阻碍了道光获得对回疆已经十分尖锐民族矛盾的清醒认识。

庆祥回伊犁后，接替斌静的永芹，虽不像其荒淫，但似乎同样无能。他一味消极防守的策略，使回疆的各种矛盾不仅没能逐步消解，反而更趋激烈，客观上也就给了张格尔更多的可乘之机。道光四年（1824）后，他脱离了浩罕的控制，不断组织布鲁特前来骚扰。五年（1825）七月，永芹得到张格尔的消息，便派巴彦巴图率二百骑兵出卡追捕，不遇。八月，巴彦巴图在回军途中，遇布鲁特人百余人，妄开杀戒，结果遭该族二千余骑士围攻，全军覆亡。这一事件不仅使清军遭受较大损伤，而且更给张格尔提供了扩充实力的借口和机会。

不断送达的奏报明显让道光感到回疆形势日趋严峻，他终于对永芹亦失去了信心。当年十一月，他褫夺了永芹之职，并命庆祥为喀什噶尔参赞大臣，长龄任伊犁将军。不过这一调整显然来得晚了一些，加之庆祥本身也非能担当大任的将帅之才，回疆形势仍在一如既往地恶化下去。六年（1826）六月，张格尔率众五百余，由开齐山路突至回城，祭拜其先祖和卓木之墓。官军以兵剿之，张格尔在众多白山派信徒的掩护下，突围而出。张的成功突围，震动了整个回疆，喀什噶尔附近的回众，闻风而动，纷纷响应，叛乱迅速蔓延。从六月到八月，张格尔庞大的叛乱队伍连续攻陷了回疆西四城——喀什噶尔、叶尔羌、英吉沙尔、和阗。庆祥自尽，清朝驻军亦多被杀。

直到七月中旬，道光才得到回疆叛乱蔓延的战报。回疆形势的急转直下，让他深感震惊，但震惊之余，还是表现出作为统帅应有的镇定，开始迅速果断地调兵遣将，要给叛乱分子予坚决地打击。他明白，回疆目前的形势，断非寻常措施可以解决，必须采取大行动。于是，任命大学士、伊犁将军长龄为扬威将军，陕甘总督杨遇春、山东巡抚武隆阿为参赞大臣，征调吉林、黑龙江、甘肃、四川及健锐、火器营军队出关。在整个平叛战争中，道光先后调遣兵力总数达到三万六千多人。同时，命令河工等其他工程"可停则停，可缓则缓"，以便节省银两，用于军需。要求全国一心，全力平定边患。战争期间，他每天都阅读大量的战报，前方的战事，虽离他万里之遥，但也不甘坐视，数次根据战报，向长龄等指示具体的战争部署。当然，他也懂得战事瞬息万变，"将在外，君命有所不受"的道理，所以在发出指示的同时，又告知不必拘泥于此，"朕断不为遥制"。

"两军对垒，粮草先行"，作为总指挥，军需问题自然也是其必须着力考虑的。这一点，殷鉴不远，其父亲镇压白莲教起事大量糜费军饷的教训似乎还在他的眼前，他是一个生性节俭的人，自不能听任这样的情况再次出现。对此，他作了周密的调度筹划，要求相关人员必须定则例，绘图说，以备稽核，基本做到了"兵食无虞短绌，帑项不敢虚靡"。

叛军在攻陷回疆西四城后，继续向东扩张，向回疆的适中之地，东四城之一阿克苏发起攻击。阿克苏守将长清临危不惧，勇敢善战，数败敌城外，直至大队援军赶赴。阿克苏保卫战的胜利既阻止叛军的进一步蔓延，又为清军的战略反攻赢得了时间和战略要地。与此同时，张格尔一开始享受胜利果实，裂土称王，自称"赛亦德·张格尔·苏丹"。他横征暴敛，抢掠杀戮，很快激起当地居民的不满。他的部队虽然人数众多，但多为临时凑集，缺乏组织和训练。当清军为收复失地而发动进攻时，张格尔的军队节节溃退。清军继八月在浑巴什河击败企图进犯阿克苏的叛军后，十月，又在阿克苏以西的柯尔坪大败叛军，打通了西进的道路。翌年二月，清军全线出击，长驱直入，七战七捷，于三月初收复了喀城，并次第收复英吉沙尔、叶尔羌、和阗三城。但叛乱头领张格尔却一次又一次地漏网脱逃。

道光此次全力遣兵平叛，不仅是要收复失地，而且要务必擒获"逆酋"，以期"毕其功于一役"。张格尔的一次次脱逃，自然令其愤懑不已，甚至盛怒。他屡屡谕言："实深痛恨，殊失朕望。""该将军等屡承谆谕，将来何颜见朕！"道光的严旨切责，自然让长龄等不敢怠慢，但回疆地形复杂，而且时有信徒回护，抓捕又谈何容易。在此后的四五个月中，数万大军四处捕风捉影，结果仍是一无所获。大军在外，必然要靡费军饷，"逆酋"未获，固然心有不甘，然大把花钱却徒劳无功，又实在让他心疼不已。不得已，从八月起，他不得不开始考虑撤兵班师了。命仅留八千人马，归新任参赞杨芳统辖，驻守喀什噶尔。然而，正当道光日渐失望之际，长龄、杨芳却设计将张格尔擒获。清军班师的命令开始执行后，长、杨二人便派人散布喀城城防空虚、破城易如反掌的传言，张格尔信以为真，再次犯边，当他得知上当，急忙撤兵，为时已晚。清军追击数日，于是年十二月二十八日（1828年2月13日）将张格尔捕获。次年正月二十二日（1828年3月7日），红旗捷报一路风驰电掣，传至京师，令道光喜出望外，开始大举封赏。五月，张格尔被解送京师，处以寸磔。

至此，一场关系江山大业的大战总算功德圆满地结束了。虽然对手不过是一群缺乏军事训练的乌合之众，而朝廷却为此动用了近四万军队，花费了一千多万两银子，但仗毕竟是打赢了。道光似乎已欣慰地感到，他已完成了一件功在千秋的雄伟大业。所以在八年（1828）九月，于即位后第一次来到盛京，祭拜祖陵，以此告慰长眠于地下的祖先英灵，并欲藉此表明自己并不是个庸碌无为的"败家子"。

六、严禁鸦片

当道光还在享受胜利的喜悦之时，一个更为严峻而棘手的问题——鸦片泛滥、白银外流，已悄然地摆到了他的面前，并在此后的岁月中，像梦魇一样缠绕着他。

由于鸦片贸易利润高（达500%以上），且需要量会不断增加，18世纪中期以后，逐渐成了西方殖民者减少贸易"逆差"，打开中国市场，获得高额回报的有力武器。鸦片开始被源源不断地输入中国。乾隆中期每年的输入量大约在一千箱（每箱约一百或一百二十斤）左右，19世纪最初的二十年中，平均每年输入的鸦片为四千余箱，到嘉庆末，已增至五千箱以上。

由于鸦片对人体有明显的危害性，而且鸦片的大量输入还使中国对外贸易进口大增，出口相对萎缩，白银外流，银价上涨。所以，朝廷一直对鸦片的输入和吸食持禁止的政策。至迟在雍正七年（1730）已颁布明确的禁令。嘉庆时，由于输入量大增，仁宗亦曾多次谕令禁止，但并没有给予特别的关注。道光对鸦片的危害，早在其继位前，已有所认识，只不过当时他考虑更多的还是烟毒对"风俗人心"的破坏。继位后不久，就于元年，重申了有关鸦片的禁令，并以实际行动惩治了徇隐夹带鸦片的洋商伍敦元等人。三年，又制订了《失察鸦片烟惩处条例》，开始严厉惩处对鸦片输入查禁不力的官员。

如果一切正常，道光大概还会继续出台一系列的措施来禁止日渐泛滥的鸦片输入。然而在此后的时间里，先是东南发生特大水灾，接着江苏洪泽湖漫口，漕运阻塞。漕运的危机尚未结束，西北边陲叛乱又起。这一切，使他再难有精力来对付至少暂时还不至于"火烧眉毛"的鸦片。一晃五六年过去，当暂时不再有边患等紧急事务缠身，可以回头看看他禁止鸦片的效果时，道光却痛心的发现，鸦片走私不仅没有收敛，输入量反而急剧飙升。至十年（1830），已达近两万箱。而且这一可怕"魔鬼"似乎不仅关乎"风俗人心"，更重要的还是由此造成的白银外流将直接对国库盈虚这样的国家大计产生影响。他开始感到，若再听任这种状况发展下去，后果可能不堪设想。于是，他连续发布了申饬严格执行旧有禁烟条令的上谕，并颁定一系列新的章程。九年（1829）七月，颁定《严禁官银出洋及私货入口章程》。十年十二月（1831年1月），定《严禁内地种卖鸦片章程》。十一年（1831）四月，谕准李鸿宾等颁定《防范来粤夷人章程》。六月，定《买食鸦片惩处例》。十月，惩处吸食鸦片之掌仪司太监张进幅等八人。十二年（1832）八月，谕令严禁各省兵丁吸食鸦片。十三年（1833）五月，定《纹银出洋禁例》。除了继续严令广州口岸严防鸦片走私、纹银出洋外，开始将查禁鸦片的区域由东南沿海扩展到全国，由严禁走私延伸到禁止种植，惩处对象也由走私、贩卖者推及某些特殊的吸食者，如太监、兵丁等。他寄希望于地方上各督抚、道府、州县以及各级将士员弁能振刷精神，上下同心协力，遏制住鸦片这股浊流的泛滥。当然，多年的禁而不止，亦使他不可能不对禁烟的困难有所了解。巨大的利润、吏治的败坏以及夷商的奸诈都让他感到，事情恐怕很难顺利展开。不过，他还是设想，如此的严旨切责，如此严密的法律规章，即便各级官员难免有因循玩忽之处，也总不至于一无成效，至少也能有所遏制吧。

然而，事情偏偏比他最坏的打算还要糟糕。他实在无法想象，如此严密的法令，一到具体实施中怎会全都成了一纸具文？虽然每年、每月甚至每天，都会有禁烟取得成效的奏报奉达，诸如某地查获鸦片多少，某地处置烟犯若干，等等。但白银的外流一仍其旧，银价也依然日复一日的在上涨。严防鸦片走私的成果究竟又体现在哪里呢？他不能不怀疑。事实上，十五年（1835）鸦片输入量已达到了空前的三万余箱。堂堂我"天朝大国"，居然对付不了小小的鸦片，不仅令他失望甚至愤恨。当然，客观地说，鸦片的愈禁愈多，并不能说明当时的禁烟令全无实效，试想，若没有这些禁令，其势必更加泛滥。实际上，鸦片禁令难以奏效的根源，除了道光主持的这台官僚机器运转已有些失灵外，还在于内有对鸦片的巨大需求，外有英国为首的西方殖民者的倾力支持。不过，这一切，只是我们今天事后的考虑，习惯于以自我为中心的天朝君主道光及其臣子们，依然一贯地完全视其为内政，数万里之外的化外之邦一群"夷商"的因素是不可能，至少是暂时不可能援入他们考虑之内的。

各级官员的虚言塞责，鸦片的愈禁愈滥，白银的持续外流，以及各地民众此起彼伏的叛乱，所有这些搅得道光心烦意乱，渐渐地，他开始对禁烟事务感到有些厌烦了，对怎样彻底根绝鸦片似乎一时也茫然起来。他甚至一度想，只要不直接关碍白银外流这样的国家大计，鸦片也就暂时放在一边吧。故而，他一次在广东方面的奏折上批示道：

> 当今要务，无论申禁弛禁，总以杜绝纹银出洋为第一要义。

不知是特别善于捕捉皇帝的情绪变化，还是特别敢秉笔执言，就在道光迷惘之际，曾任广东按察使的大理寺少卿许乃济一本《鸦片例禁愈严流弊愈大亟请变通办理》的奏章摆到他的面前。在该奏折中，许乃济奏请变通鸦片烟禁，准其以货易货，照章纳税，并宽栽种之禁。这样，不但可以增加岁入，而且长远来看，还可以使"土烟"最终取代"洋烟"，遏制住纹银出洋。这一著名的被今人痛加谴责的弛禁奏议，其实大多是承认现实并力求解决问题的务实之论。它似乎隐隐约约让道光感到了另外一种解决问题的希望，不过，这毕竟关系到道德民心这样的"国本"问题，他一时还不知道也不敢轻易表态，只是让广东的官员妥议具奏。

许乃济的弛禁主张，虽很快得到了广东方面的认同，但却激起了众多秉持正统观念官员的强力反弹，朱嶟、许球等随即上奏严辞驳斥。然广东方面对他们的驳斥亦不以为然，辩称："建言者倡论于局外，故抵掌较易敷陈；当时者肩任于局中，则措手宜有分寸。"这些，让道光还是无法拿定主意。此后，争论仍在继续，鸦片走私和纹银外流也依然故我。这时，一个更严厉的禁烟主张被提了出来。十八年（1838）闰四月，鸿胪寺卿黄爵滋递上了《请严塞漏卮以培国本折》，提出，既然严禁海口不能取效，干脆就改变策略，将目标对准吸食鸦片瘾君子。面对百年来最严厉的禁烟主张，道光内心似乎又重新燃起禁绝鸦片的希望。但他并没有急于表态，而是下发给他的封疆大吏，让他们"妥议章程，迅速具奏"。二十九份奏折很快陆续奏闻，虽然只有八人同意或基本同意黄爵滋重治吸食的主张，但没有人反对严禁，只不过坚持严禁海口和重治兴贩而已。道光心理的天平似乎正在向严禁倾斜。此时，恰好发生了两件事。一是九月初八日（1838年10月25日），道光得悉，两位皇室成员：庄亲王奕铸、镇国公溥喜竟然赴寺庙吸食鸦片；二是二十二日（1838年11月8日），琦善奏报，其在京师的门户天津拿获鸦片十三万余两。这些都让道光深感震动和愤怒。第二天，即谕令林则徐来京陛见。

林则徐实心任事，认真廉明，早为道光注意。而且他在奏折中也表达了自己对鸦片危害的深层忧虑和禁绝鸦片的坚定信心。这一切，都让道光对他寄予极大的希望。十一月初十日（1838年12月26日），林抵达北京。此后的八天中，道光连续八次召见。十五日（1838年12月31日），林则徐被任命为钦差大臣，驰赴广东查禁已被道光视为"中国第一大患"的鸦片，同时还被赋予了节制广东水师的权力。道光希望通过此举，"种种弊窦"，"净绝根株"。

事实证明，道光委林则徐以重任，确是知人善任之举。十九年（1839）正月，林到达广州后，就以其雷厉风行、廉洁奉公，一扫往日官场之积习，通过精心细密的筹划，最终迫使夷商交出鸦片二万零二百八十余箱，并在四、五月间，完成了虎门销烟的壮举。这不禁让道光感到无限欣喜。随后，纷至沓来的有关缴获烟土烟具、拿获烟犯和吸食者的奏报，更使道光开始乐观地预计，缠绕他十多年的鸦片问题不久就可以彻底地解决了。他终于可以长舒一口气了。

然而，万万没有想到，这不过是黑暗前的霞光一闪，一场更大的灾难实际已即将不期而至。

七、东南重挫

尽管道光及其臣子将禁烟完全视为"内政"，而很少去考虑严厉的禁烟可能遭致以英国为首的西方资本主义国家的干涉。不过，显然，无视并不等于不存在。很快他们就为这一忽视付出了沉重的代价。

大量的西方商人不远万里，纷纷东来，无非是为了抢占市场，获取利润。本来，英国等殖民国家对中国的闭关锁国就大为不满。资本主义的发展需要更加广阔的资本和产品市场。号称"日不落帝国"的大英帝国又怎么能容忍自己无缘染指中国这样庞大的市场呢？其之所以支持罪恶的鸦片贸易，根本上就是希望藉此打开中国的国门。现在，中国不仅不开放市场，实行平等外交，而且还公然没收并销毁本国商人的商品——鸦片，甚至断绝贸易，这岂是英国殖民者所能容忍的？所以，正当中国君臣为自己禁烟取得成效而欢欣鼓舞之时，远在欧洲的英国已悄悄地做好了武装侵华的战争准备。道光二十年（1840）五月，一支以懿律（Admiral George Elliot, 1784－1863）为最高统帅的"侵华远征军"在中国完全不知情的情况下骤然驶抵中国的广东洋面。

这个国力强大，装备精良，战法先进的敌人，在道光的眼里不过是一个远隔重洋的化外蛮夷之邦。秉承数千年来逐渐形成的以天朝为中心，以朝贡关系为主轴这一外交观念的道光皇帝，自然不可能有今天的国际意识。在他的眼里，对付夷人，不外乎羁縻、剿、抚等几种手段，而无论剿还是抚最终不过就是要实现羁縻。剿固然可以扬我天朝国威，但毕竟要靡费军饷。故而，通过西北的战事和同浩罕打交道的经历，他对对外交涉形成一套自认无懈可击的原则立场，那就是："天朝体制，断不可失；外夷衅端，断不可启。"于是，当林则徐离京前往广州禁烟时，他便谆谆告诫：鸦片务须杜绝，边衅决不可开。尽管事实上，这两者绝不可能同时实现。

虽然广州地方当局和道光都对英国的蓄意侵华缺乏认识，不过，战争正式爆发前，中英之间小规模的武装冲突已经发生数次。在这些冲突中，英方由于兵力不足以及战争准备尚未完成，并没占到便宜。不过这些互有得失的冲突，到了道光面前，却全都成了清军的大获全胜。这些并不真实的情报都使道光对自己能够应付并不驯服的外夷的骚乱充满信心。

五月二十九日（1840年6月28日），英舰封锁珠江口，鸦片战争正式爆发。之后，英军按预定计划离粤北上，六月初，到达浙江舟山洋面。初七日（1840年7月5日），攻占了全然缺乏防备的定海县城。

半个月后,消息传到京城。道光震怒之余,仍自信地宣称,"此等丑类","不难实时扑灭"。不过,他对林则徐等人的态度却明显发生了变化,开始责怪他,鸦片并未杜绝,边衅却已开启,实在有负自己对他的信任和期待。七月,英舰继续北上抵达天津大沽口外。十六日(1840年8月13日),道光接到琦善传来的《巴麦尊子爵致中国钦命宰相书》,"详加披阅",似乎只对其中英人要求"昭雪伸冤"这一内容留下了深刻印象,以致一厢情愿地认为,只要查办林则徐、邓廷桢两人,就可以安抚"夷人",从而消除战乱。于是,他便诏琦善转告英人,允重治林则徐罪,并派遣钦差大臣赴粤查办。琦善也使出招数,力劝英军退出大沽,易地商谈申冤之事。当英夷平静地起碇南下后,道光不禁为自己外交上胜利而沾沾自喜,遂开始惩治林、邓,并派琦善为钦差大臣,赴广州查办事件。

然而,胜利并没有真的到来,十一月,当钦差大臣琦善踌躇满志地来到广东后,马上发现,事情绝非如他想象那样简单。英人的要求远远地超出他的想象,但他还是投入地与英国全权公使义律(Captain Charles Elliot, 1801—1875)进行了一系列谈判。当他将谈判中夷情极不恭顺,动以开战相威胁等情形奏闻后,道光马上又重新拾起"剿"的一手,认为对付外夷,必须恩威并重,夷情既不恭顺,则须示以兵威。于是便一再谕令琦善加强防备。但琦善为了完成"羁縻"的任务,却抗旨不遵,仍一心谈判,并节节退让。然而这些离英人的要求仍然十分遥远。十二月十五日(1841年1月7日),为迫使琦善进一步就范,英军突然对虎门的大角、沙角炮台发起攻击,并占领之。在慌乱之中,琦善无奈答应赔款六百万元,并奏请割让香港岛。当这一消息传到北京,道光又一次愤怒了,二十一年正月初五日(1841年1月27日),道光下诏对英宣战。初八日(1841年1月30日),谕令奕山为靖逆将军,隆文、杨芳为参赞大臣,驰赴广东督办军务。二月初六日

（1841年2月26日），道光接到了广东巡抚怡良揭发琦善私割香港的奏报，不禁愤懑异常，立即命令将其革职逮问，解送京师。

同一日，英军再次对虎门炮台发动攻击，关天培等将士殉难。不过对此，道光感到既已调集大军以及杨芳等平叛骁将开赴广东，英夷的猖狂必定是暂时的，一旦大军就位，相信不善陆战的英夷亦不难手到擒来，至少也能以胜利灭其嚣张气焰。所以，自大军云集广东后，他每天都在焦急地"伫候捷音"。四月初一日（1841年5月21日），奕山等开始对英军发起攻击，但很快便一败涂地，最终不得不签订《广州和约》。不过，十八日（1841年6月7日）以后，道光却真的收到了一份份讳败为胜佳音捷报。其实，只要细心阅读，奏报中的种种虚饰并不难以揭穿。但强烈的以胜利来洗刷英夷给自己带来的耻辱的意愿，使他竟然相信了奕山等人的弥天大谎。不仅以奖代罚，还很快下令沿海各省酌量撤防，以节省军费。

近一年的对英作战，尽管让道光一再感到挫折，但毕竟大节无亏，自己天朝的脸面似乎还算挂得住。当他以为暂时可以松口气之时，英国却并不满足，正在酝酿扩大侵华战争。当然道光不是得过且过的昏君，战事虽然暂时平息，他仍谕令沿海各省加紧防务，以防犬狼之性的英夷卷土重来。果然，七月初十日（1841年8月26日），英舰再次对厦门发动攻击，新一轮的战争开始了。战火随即又烧到了浙江。负责浙江防务的裕谦虽然气节令人敬畏，但结果却是定海、镇海和宁波三地相继失守。这无疑是道光无法接受的，他不得不再一次打起精神，调集大军，与英夷肆力一拼。九月初，又一次任命自家人奕经为扬威将军，赴浙督办军务。并谕令告示天下，全民同仇敌忾，共同杀敌。经过几个月的战事准备，二十二年（1842）二月，奕经终于对英军发动反攻，但结果还是一触即溃。

种种事实渐渐让道光感到此夷非彼夷，真的不好对付，不过，他显然不能也不愿承认天朝的无能，战不利，降不能。面对如此窘局，道光自己亦开始感到不知所措了。他虽然仍不时指示其手下"痛加征剿"，不过连他自己都知道这样的谕旨恐怕并无实际的效用。这时，浙江巡抚刘韵珂一份"十可虑"的奏折令他再次陷入沉思。对于桀骜不逊的英夷，示以兵威，痛加征剿，固然大快人心，但不仅事实上难以实现，而且还反而使自己屡受耻辱；"抚"虽不够理想，但毕竟可以解决眼前的窘迫。于是他开始起用主抚的官员耆英、伊里布赴江浙办理夷务。不过他仍没有痛下决心，还在观望，企盼战胜英夷的奇迹出现，哪怕小小的胜利，至少也可以压低夷人的要价。但奇迹终究是没有出现，战火从浙江蔓延到了江苏，尽管清军也出现了陈化成、海龄等誓死抵抗的将士，但战事的失利仍一如既往。乍浦、吴淞、镇江，英军一路高奏凯歌，直抵江南的腹心——南京。形势已不容道光迟疑，他不得不授权耆英、伊里布同英方签订了城下之盟——中英《南京条约》。

之后，本文开头那一幕发生了……

八、心力交瘁

战争终于结束了，一次次的努力，换来的却是一次次的蒙受羞辱，道光久久地沉浸在郁闷之中。他不能不想起十多年前西北那场令他振奋的战争，那时，他执政未久，正是年富力强、意气风发之时，战争的全胜让他感到自己将会青史留名，因此激励自己要进一步勤政爱民，以使正在衰微的祖宗基业能在自己的手中得到光大。然而，这一切，似乎不过是一场梦而已。现在，他不再有心思启程去祖陵祭告祖先英灵，也不知如何开口。他明显地感到自己老了。这一年，他已年过花甲。失败和痛苦对一个锐意进取的年轻人来说，或许是一笔财富，但对一个岁月无多的老人来说，除了加速他的衰老，又还能是什么呢？

还在战争即将结束前，道光就谕令东南沿海省份制造战船。九月，奕山奏报广东仿造西式战舰一艘，并提议停造旧式师船，经费改用于建造西式战舰。道光帝颇为欣赏，命奕山将图样交闽、浙、苏三省官员参考。然造西式战舰有材料、技术诸难，更有经费之艰，各地官员假词推托，他便不再追问。十月，祁𡻕因仿造火轮船，提议从澳门雇觅"夷匠"。道光立即严辞阻止，宁可不要火轮船，也不能让这些危险的"夷匠"入境。二十三年（1843）七月，耆英进呈新式击发枪，道光帝爱不释手，视为绝顶奇妙之品，但却不愿仿造，认为此"必成望洋之叹"。同时，他也曾下令各省修筑海防工事、拟订防务章程，但因未有军事学上的检讨，各地竟然旧样复制，全无改进。本来战败的事实，最易使人从器物着眼，进行革新，可就这一步都迈不出去，又遑论其他？！

当然，道光是一个严谨、力图守成的君主，他没有因此自暴自弃，尽管缺乏维新的欲望和能力，但依然严格要求自己务必处理好眼前的政务。所以，他依然克勤克俭，依然披肝沥胆，尽可能地调动各种人力、物力资源去应对不时出现的民众叛乱、民族冲突、江河漫口、地方赈济等等社会问题以及外夷的种种善后事宜。然而，精力却难遂人愿，每每出现的心有余而力不足的感受，使他也只能关注和追求眼下的平静，至于平静水面下面的湍湍暗流以及长远的影响，就再难有余力去细究了。

在此后的时间里，道光似乎一直以一种平静而有些郁闷的心情费力地维系着天朝这台严重磨损机器的正常运转。让他头疼不已又无可奈何的夷务全权交给了耆英等他信任的大臣去处置，只要不再启边衅，对外夷诸如领事裁判权、片面最惠国待遇之类无碍天朝体制的要求，尽可"俯顺夷情"。然而，令他感到意外的是，二十八年

（1848），广东的大员徐广缙、叶名琛居然领导广州民众，取得了反英人入城斗争的胜利。他不禁欣喜万分，对他们说："如此棘手之事，卿等不动声色，使彼自屈，较之军功，尤堪嘉尚。"他似乎突然感到，困扰他多年的制夷的新方法这下终于找到了。那就是："联官民为一气，民心日固，斯夷情益服。"尽管这其实亦不过是一厢情愿的幻想，但有幸在他执政的最后一两年中，夷务尚无大的纰漏，使他最终可以带着一份希望离开人世。

九、再铸遗恨

与几乎所有的皇帝一样，道光有一个庞大的家庭，他共有妻妾二十人，前后册立为后的有钮祜禄氏孝穆皇后、佟佳氏孝慎皇后、钮祜禄氏孝全皇后和博尔济吉特氏孝静皇后。育有九男十女。长子奕纬深得他的喜爱，但在二十四岁那年病故，次子奕纲和三子奕继均早年夭亡。余下四子奕詝、五子奕誴、六子奕䜣、七子奕譞等均长大成人。十个女儿中，只有五个长大成人，但也只有一人活到三十四岁，余皆在二十多岁时去世。

道光渐渐的老了，他不能不开始考虑身后之事——立储。当时在世的皇子共有六人，但皇七、八、九子尚为孩童，不必考虑，剩下的三位年龄适当，不过皇五子奕誴向不为其所喜欢，也不在考虑之列，剩下的只有四子奕詝、六子奕䜣了。虽然就聪明才智和胸怀胆识言，奕䜣要略胜一筹，不过奕詝年龄稍长，而且在道光眼里，其仁孝爱人之心甚笃。两人各有所长，如何抉择，曾令道光长期犹豫难决。但最终他还是选择了相对更符合他的性情要求的奕詝。二十六年（1846）的立秋，他在矛盾中写下了"御书"："皇四子奕詝立为皇太子"，"封皇六子奕䜣为亲王"。然而，后来的一切证明，这又是一个巨大错误，奕詝才识平平，少谋无断，难当危局，而不多的理事机会就显示出奕䜣具有处理危局的能力和洞观世变的远见。如果没有这一遗恨，中国日后的历史必将会是另一番样子。

道光二十九年十二月十一日（1850年1月23日），嘉庆皇帝的遗孀孝和皇后钮祜禄氏去世。道光帝十五岁时生母病故，故对这位继母十分尊敬，她的去世，给道光帝的精神打击颇大。在料理皇太后的丧事之后，他终于病倒了。三十年正月十四日（1850年2月25日），病势加重，遂召集大臣宣示"御书"，随即死于他的寝宫圆明园慎德堂。四月上进号，庙号宣宗，咸丰二年（1852）二月，葬慕陵。

十、结语

三十年的时光，在人类的历程中，不过是弹指一挥间，但对于一位执政者来说，应该不算短了，历史上多少伟大的革故鼎新，都足可以在如此的时段里完成。三十年前，正当盛年的道光登上了大宝，尽管他接手的江山早已失去往日的盛世气象，但他并不感到有任何的气馁，早年严格的学习、训练及其所处的地位使他坚信，一个有为的君主应该能保守好祖宗遗下的基业，且促使其光大，这也是他所期许的。执政之初，他曾不无豪情地以唐宗宋祖相砥砺，希望以自己的勤奋、求实使自己掌控的这台多少有些毛病的机器变得润滑而运转自如。三十年来，他克勤克俭，朝纲独断，事必躬亲，兢兢业业地对待自己的每一项职责，就是到了晚年，也没有因为年事已高而疏于政务或贪图享受。无论怎么说，我们都实在无法也不忍心把他归入"坏皇帝"之列。

然而，三十年的苦心经营，换来的却是"落花流水春去也"。积弊依然是积弊，问题仍然是问题，国库空虚、武备废弛、吏治败坏、鸦片泛滥、盐漕弊坏、江河漫溢，如此等等，不仅未能一举廓清，反而还有过之而无不及，而且还空前地惨遭外夷凌辱。他继位时，府库尚有一千余万两国帑，而当他去世时，留给他儿子的却只有区区一个零头——一百八十七万两。他走了，一了百了地走了，但留给其子孙的却是更多的灾难、更大的痛苦。如此，我们又怎能不说他是一个"败家子"呢？

对于如此的矛盾，今人往往将其归咎于时代的局限、传统的封建专制制度乃至中国传统文化本身。然而现实已多次表明，政体和文化对一个国家的富强未必一定具有决定性的影响。即使我们承认其重要，作为一个专制君主，也还存在较大的可以作为的空间。如果道光能像他的祖辈们和其他一些名君一样，具有洞观事变的远见卓识、雷厉风行的果敢气魄以及力挽狂澜的超人智慧与英雄气概，如果他能英明果断地将皇位传给奕䜣而非奕詝，中国近代的历史当不至如此备受欺凌！人自是不能脱离时代而存在的，但遗憾的是，处于数千年来未有之变局中道光皇帝却远不是一个"时代骄子"。

道光的锐意求实和恪遵祖制，尽管有些矛盾，也难贯彻到底，几无可能从根本上扭转整个社会的颓败之势，但毕竟也小有政绩。如果他仍处于其祖先的传统境地中，就凭其平定西北之功，也算是个不错的君王。然而，他却偏偏处于历史大变局之中，他美好的愿望，他殚精竭虑的努力，最终都在西方的坚船利炮面前化为了泡影。

这是他个人的悲剧，抑或时代的错误？……

道光皇帝事典

年 表（1820—1850）

辞条解释（468条）

1820—1820

公元	年号	大事记
1820	嘉庆二十五年	七月二十五日，嘉庆皇帝颙琰驾崩于热河。未及时公布镡匣所书。
1820	嘉庆二十五年	七月二十六日，托津当众打开小金匣，宣读："嘉庆四年四月初十日卯初立皇二子绵宁为皇太子。"众尊诏拥绵宁继承大统。

镡匣 楠木制成的盒子，用来收藏御书储君字条。雍正继位之初，为保证皇位继承的顺利进行，创设了秘密建储法，即当朝皇帝在位时并不明立太子，而是秘密地将心目中的人选亲自书写密封，藏于匣中，置于乾清宫"正大光明"匾额后。待皇帝病重或去世后，由总理事务王大臣当众启匣宣读。这一匣子在史书中常被称为镡匣。镡匣的规制，史无明书，不过现今存有道光朝镡匣，长三十二公分，宽十六点七公分，高八点七公分。

托津（1755—1835） 字东亭，富察氏，满洲镶黄旗人。尚书博清额之子，初为都察院笔帖式，乾隆四十三年（1778），充军机处章京，历官军机大臣，工部、户部尚书兼都统，正白旗领侍卫内大臣，东阁大学士。为嘉庆朝之重臣，多次被委以重任，如为平定白莲教起义赴四川办理军需，赴各地查办大案要案，镇压天理教起事，勘查南河水利等。道光十一年（1831）致仕（退休）。

小金匣 用来收藏御书储君副本的小匣子。由于镡匣藏于乾清宫，而皇帝未必一定驾崩于紫禁城，为备不测，皇帝在秘密建储后，常另书一条，藏于体积较

1820	嘉庆二十五年	八月初五日，颁发**嘉庆皇帝遗诏**。
1820	嘉庆二十五年	八月初八日，通谕各省督抚、**盐政**、**织造**、**关差**一应贡献概行停止。
1820	嘉庆二十五年	八月十二日，绵宁奉嘉庆梓宫启驾还京，二十二日，抵达京城。
1820	嘉庆二十五年	八月二十五日，上大行皇帝**谥号**曰受天兴运敷化绥猷崇文经武孝恭勤俭端敏英哲睿皇

小，便于随身携带的小金匣中。

嘉庆皇帝遗诏 清制，每一新皇帝继位，均要颁老皇帝遗诏于天下。遗诏都非老皇帝亲书，而由新皇帝任命先帝旧臣敬拟。嘉庆皇帝遗诏由当时的军机大臣托津、戴均元等拟写，然后交道光审定。主要内容为概述嘉庆一生的功绩，描述临死时的情形及预立太子之事，指出立绵宁为太子的理由以及表达对继任者厚望等。托津等拟诏时，将乾隆的出生地雍和宫误为避暑山庄，道光在颁诏一个月后，才发现错误，立即命托津、戴均元退出军机处，另两位军机大臣卢荫溥、文孚降级留任。

盐政 清代管理盐务之职官。清初，沿袭明制，各省置巡盐御史。雍正后，渐次改置盐政，总理盐务。设长芦、两淮盐政各一人，余以总督、巡抚兼任。两江、陕甘、闽浙、四川、两广由总督兼，陕西、云南由巡抚兼。

织造 官名。清沿袭明的做法，在南京、苏州和杭州三处设立织造，各置织造监督一人，简称"织造"。例从内务府司员中简派。清代织造为钦差，与地方行政长官平行，有专折奏事权。除

		1820–1820
		帝，**庙号**仁宗。颁嘉庆遗诏于朝鲜、琉球、暹罗、越南、缅甸诸国。
1820	嘉庆二十五年	八月二十七日，绵宁即皇帝位于太和殿，改名旻宁，以明年为道光元年。
1820	嘉庆二十五年	九月初六日，尊大行皇帝陵曰**昌陵**。
1820	嘉庆二十五年	九月初七日，以军机大臣所拟遗诏有错，命托津、**戴均元**退出军机处。

管理织物、机户、征收机税等外，亦兼理采办地方特产及皇帝交办的其他事务，且多受命监察地方，权势较重。

关差 清代总理钞关权务的官员。有专职专差，也有由督抚、织造和盐政兼理的。专职官差，任期一年，督抚等兼理者，不受此限。朝廷根据关差任期内关税的盈绌等情况，分别给予赏罚。

谥号 中国古代帝王、贵族、士大夫等死后，根据其生前的事迹给予的称号，也叫谥。上古有谥无号，周初周公始定谥法，秦始皇废而不用，汉初又恢复，以后帝王谥号，由礼官议上。明清谥归礼部。

庙号 帝王死后，在太庙立室奉祀，并追尊以某祖、某宗的名号，称为庙号，始于殷商，汉代继承其制。以后历代帝王，均有庙号，由新继任的皇帝议立。

昌陵 清仁宗嘉庆的陵墓，位于河北易县城西梁各庄以西。是清西陵四大帝陵之一。嘉庆八年（1803）十月修成，规制较为宏大，尤以隆恩殿内的墁地砖在清代九处帝陵中别具一格，它不用金砖，而用贵重的花斑石墁地。

戴均元（1746–1840） 字修原，

1820	嘉庆二十五年	九月初七日，命纂修《仁宗睿皇帝实录》。
1820	嘉庆二十五年	九月初七日，命伊犁将军**庆祥**星夜兼程，驰赴喀什噶尔，平定**张格尔**叛乱。
1820	嘉庆二十五年	九月二十二日，查禁漕粮积弊。

号可亭，江西大庾（今大余）人，出身官宦世家。乾隆四十年（1775）进士，授翰林院编修。乾隆末迁御史，嘉庆初历任工、刑、户、吏部侍郎，南河总督等职，嘉庆二十三年（1818），授军机大臣，充上书房总师傅，旋晋文渊阁大学士。仁宗死，因所拟遗诏有误，罢军机。道光初，奉命监修道光陵寝地宫，道光八年（1828），因发现地宫渗水，被论死，寻释归，乡居而终。

仁宗睿皇帝实录 书名，即《清仁宗实录》。清大学士曹振镛、戴均元等主修，三百七十四卷。起自嘉庆元年（1796）正月，止于嘉庆二十五年七月，依编年体体例，记嘉庆一朝政事。于嘉庆二十五年九月开修，道光四年（1824）四月成书。无单行本，收入《清历朝实录》。

庆祥（？—1826） 图博特氏，蒙古正白旗人，大学士保宁子。初为蓝翎侍卫，嘉庆十三年（1808），袭三等公爵。历官副都统，理藩院、工部侍郎。十八年，以率京营兵从那彦成剿滑县教匪凯旋，擢正黄旗汉军都统，历热河、乌鲁木齐都统。二十五年，授伊犁将军。道光五年（1825），改任喀什噶尔参赞大臣。次年，张格尔叛攻喀什噶尔，率部守城七十日，城破，自缢而死。

张格尔（1790—1828） 新疆

1820	嘉庆二十五年	十月初二日，裁各省陈设器玩等贡。
1820	嘉庆二十五年	十月初四日，颁示"**崇节俭禁奢侈谕**"。
1820	嘉庆二十五年	十月初八日，命铸道光钱。
1820	嘉庆二十五年	十一月初一日，命各省酌量裁减兵员。

喀什噶尔（今喀什）人，维吾尔族，生于浩罕，本名和卓·亚海亚，张格尔系尊称，意为"世界的"。伊斯兰教白山派大和卓木博罗尼都之孙。成长于浩罕，利用和卓后裔在维吾尔族中的影响，煽动叛乱，屡袭击边境卡伦。道光六年（1826），得英国之助，并纠合浩罕兵侵入回疆西四城，复辟和卓家族的统治，自称赛亦德·张格尔·苏丹。清廷派大兵讨伐，连败叛军，四城次第收复。次年底被俘，解京处死。

漕粮积弊 漕粮是田赋中漕运京师、通州的部分。清沿明制，在山东、河南、江西、安徽、浙江、江西、湖北、湖南以及奉天等省征收漕粮，品种有米、小麦、黑豆等。除奉天外，都经大运河漕运至京师和通州的粮仓储存，供内府、王公百官、八旗官兵以及宾馆、牧饲之用。这里所说的积弊，主要是指一些旗丁将石灰洒到米上，暗在船底灌入温水，复借饭火熏蒸，使米粒发胀，每石多出数升，盗卖获利，以致漕米存仓后易于霉变。

崇节俭禁奢侈谕 道光是一个特别注意撙节的皇帝，针对当时社会愈演愈烈的奢靡之风，甚为担忧。这是他即位后发布的首道申令节俭的谕令。在该上谕中，他指出，近日京师及外省风气，竞奢浮夸。若以奢靡互相矜诩，动

1821—1820

1821	嘉庆二十五年	十二月初二日，上皇太后徽号曰**恭慈皇太后**。翌日，立旻宁继妃**佟佳氏**为皇后。
1821	嘉庆二十五年	十二月初九日，河南仪封决口合龙。
1821	嘉庆二十五年	十二月二十六日，免**长芦盐商**欠银二百九十五万余两。
1820	嘉庆二十五年	是年，学者**焦循**故世。

致非礼僭越，荡费资产，不念生计，甚有关风俗人心者大，亟宜严申禁令。

徽号 美好的称号，多指加于帝后尊号上歌功颂德的套语。

恭慈皇太后 即孝和睿皇后。钮祜禄氏，礼部尚书恭阿拉女。后事颙琰，为侧室福晋。嘉庆即位，封贵妃。孝淑皇后崩，高宗敕令继位中宫。嘉庆六年（1801），册为皇后。二十五年八月，仁宗崩，宣宗尊为皇太后，居寿康宫。道光二十九年十二月甲戌（1850年1月23日），崩，年七十四。咸丰三年（1853），葬后昌陵之西，曰昌西陵。育有二子：绵恺、绵忻，一女，殇。

佟佳氏（？—1833） 三等承恩公舒明阿女。宣宗为皇子时，嫡福晋薨，仁宗册为继嫡福晋。宣宗即位，立为皇后。道光十三年（1833），崩，谥曰孝慎皇后，葬龙泉峪。咸丰初，上谥孝慎成皇后。光绪间加谥，曰孝慎敏肃哲顺和懿诚惠敦恪熙天诒圣成皇后。女一，殇。

长芦盐商 经营长芦盐区食盐运销的商人。清代一如以前各朝，对食盐实行专卖制。清代办法是采用引盐法，就是官府发给盐商

1821	道光元年	正月初六日，裁撤浙江盐政，以整饬弊坏之盐法。盐务归浙江巡抚监管。
1821	道光元年	正月二十二日，谕令各直省饬所属各官严禁滥用**非刑**。
1821	道光元年	三月十一日，道光护率在京王大臣送仁宗灵柩移往陵寝安葬，十八日至昌陵，二十三日下葬。

售盐的凭证——引，国家据引向盐商征税，盐商凭引购盐运销。国家将全国分成两淮、长芦等十一个产盐区，每一个盐区有专门的销售地界。其中长芦盐区营销直隶、河南两省，是全国仅次于两淮盐区的第二大盐区。由于盐商拥有专卖特权，而且与官府关系密切，具有一定官商的性质，所以，每届国家有事，往往要求或被要求捐资赞助，以换取政治资本和商业特权。

焦循（1763－1820） 字里堂，又字理堂，晚年自号理堂老人，江苏甘泉（今江都）人。嘉庆六年（1801）举人。幼承家学，中举后，即绝意仕进，专力治学。博闻强记，见识精卓，于经史、历算、声韵、训诂等，无所不通。阮元称其"精深博大，名曰通儒"。尤擅长易学。学术思想师承戴震，主张学宜通核、变通，不应据守、泥古。著述甚丰，主要有：《易学三书》、《孟子正义》、《论语通释》、《尚书补疏》、《里堂算学记》、《花部农谭》和《雕菰楼集》等。

非刑 指常用刑法之外酷刑。这类非刑名目甚繁，比如有天平架、阎王架、鹦哥架、燕子飞、

1821	道光元年	三月，闽浙总督**庆保**奏闻云南**永北厅彝族起事**情形，道光先后派成都将军**呢玛善**、新任贵州提督**罗思举**等驰赴云南帮同庆保督兵剿办。
1821	道光元年	四月初十日，特授呢玛善为钦差大臣，专办云南永北、大姚军务。令庆保来京另赴新任。二十四日，庆保奏闻云南大姚境内拉古苗乱平息。

美人桩等等。

庆保 字蕉园，又字佑子，章佳氏，满洲镶黄旗人。大学士庆桂弟。道光中官至闽浙总督、广州将军。道光十二年（1832）致仕。工花卉，又喜画蝶。尝至苏州玄妙观写蝶，一时观者如云。著有《兰雪堂集》。

永北厅彝族起事 云南的永北、大姚一带生活着大量彝族民众，嘉道年间，由于彝族的土司和地方官府对彝民苛派严重，民不聊生，社会矛盾非常尖锐。道光元年（1821）正月，永北厅彝民首先举事，势力迅速扩张。起事发生后，朝廷立即调集川、滇两省兵力予以围剿。二月，起义军向东南方向进入大姚县境内，与大姚起事彝民会合，势力大张。起义队伍迅速扩展到万余人。四月，在滇、川、黔三省上万官兵的征剿下，起事失败。

呢玛善 呢玛奇氏，满洲镶黄旗人，提督达三泰之子。自小从父在军中效力，以战功授蓝翎侍卫。嘉庆三年（1798），达三泰在川东剿匪时遇害，他继其父之业转战三省，累擢头等侍卫，授

1821	道光元年	四月初十日,命戴均元等为道光帝相度万年吉地。
1821	道光元年	五月二十四日,接呢玛善奏,云南大姚、永北彝民起事平定。上谕拟**清理善后事宜**。
1821	道光元年	夏秋间,京城内外,**真霍乱**流行。七月二十六日,令步军统领衙门、顺天府、五城设局施药救治,并掩埋尸体。八月初三日,命顺天乡试展期正月,于九月举行。

河北镇总兵。后历任郧、衢州、南阳诸镇总兵。道光初,擢成都将军,平果洛克番匪。道光四年(1824)卒于任,谥勤襄。

罗思举(1764—1840) 字天鹏,一字子江,四川东乡(今宣汉)人。少时家贫,曾于川楚陕边境聚众为盗。嘉庆元年(1896),白莲教起事,充乡勇,每战皆为清军前驱,屡立战功,历官千总、参将、副将以至四川重庆镇总兵。道光中,先后出任贵州、四川、云南和湖北等省提督。卒于任。自编有《罗壮勇公年谱》。

清理善后事宜 永北、大姚彝民起事平定后,在道光的授意下,云贵总督庆保制订"清理善后事宜"。主要内容有:(一)今后,汉民承买彝田,必须过户纳粮,否则,按汉民漏税律惩治;(二)严行饬禁当地土司租息而外,额外诛求;(三)裁革土司属下行捕、目把、总管等平时依官为害彝民人员;(四)加强对少数民族地区的控制,如编排保甲、增设汛兵等。这些措施起到了一定的作用,但并没有根本解

| 1821 | 道光元年 | 九月初二日，道光帝亲定东陵界内绕斗峪为建陵之地。派庄亲王**绵课**和戴均元、**英和**等人负责办理，并定于十月十八日卯时开工。|

决社会和民族矛盾。

真霍乱（cholera） 即真性霍乱，由霍乱弧菌引起的肠道传染病，是我国近代以来危害最大的烈性传染病之一。霍乱的本意为"挥霍之间，便至缭乱"，《内经》中就有记载，但传统的霍乱实际多为现代的急性肠胃炎，故现代又往往名之为类霍乱或假霍乱。真霍乱很早就存在于印度等地，嘉道之际传入我国，迅速蔓延，由南而北，几遍全国。该病最明显的特征是开始发作时，即突然发生极剧烈的腹泻和呕吐。腹泻先是黄色稀粪，很快即泻出米汤样的水，吐和泻的都呈喷射式，一般无腹痛症状，最后往往因严重脱水而死。

绵课（？－1826） 皇族，亲王，领侍卫内大臣永瑢之从子，康熙十六子庄恪亲王允禄之后。历任都统、领侍卫内大臣、御前大臣等职。嘉庆十八年（1813），林清为乱，其徒入宫门，绵课持械抗拒，射伤一人，受到奖叙。翌年，因所奏不称嘉庆之意，坐罚俸，并罢诸职。道光二年（1822），以承修裕陵隆恩殿工草率，降为郡王。四年，重修工竣，复亲王之爵。六年，薨，谥曰襄。

英和（1771－1840） 幼名石桐，字树琴，号煦斋，别号粤溪生，索绰络氏，满洲正白旗人，尚书德保子。乾隆五十八年（1793）进士。以拒妻和珅女，为嘉庆所重用，历任内务府大臣、翰林院掌院学士、礼部侍郎、步军统领、工部尚书等职。于盐政多所建言，并督兵镇压天

| 1821 | 道光元年 | 十一月十九日，因广州**行商伍敦元**徇隐洋船私带**鸦片**事，命摘去三品顶带。|

理教起义，捕获林清。宣宗时，授军机大臣，调户部尚书，创议改行海运。张格尔犯新疆，疏陈进兵方略，多见采纳。道光八年（1828），因陵寝渗水，被革职抄家，发黑龙江充苦差。三年后释回。工书法，善诗词，著有《卜魁纪略》、《恩福堂诗集》、《恩福堂笔记》等。

行商 清代专营对外贸易的商人。清开放海禁后，为严格控制对外贸易，防止中外商人自由交往，建立由特许的洋货行专营外贸税饷事务的"十三行"制度。这些洋货行的经营者，即为行商。他们享有对外贸易特权，但同时负有承保外洋船货税饷、规礼，传达官府政令及管理外洋商船人员等义务，具有官商身份，是清代重要的商人资本集团。中英《南京条约》签订后，由于外贸特权丧失，渐趋式微。

伍敦元（1765－1843） 原名秉鉴，字成之，又字忠诚，号平湖，外人多称伍浩官（Howqua），广东南海人。广州十三行怡和洋行行主，初仅向英商出售丝茶和承销外货。后因善于"投机钻营"，内通权要，外结洋商，势力不断壮大，嘉庆十四年（1809），成为十三行总商，获三品顶带。依靠鸦片走私，渐成巨富。道光十四年（1834）时，怡和洋行财产总额高达二千六百万元。林则徐广州禁烟期间，一度受到打击。事后，通过其子伍绍荣的活动，仍为行商巨子。

鸦片 俗称大烟，又叫乌香、乌烟、阿芙蓉等，别称洋药。系由刺取罂粟花结苞时的津液，熬

1821—1822

1821	道光元年	十一月二十一日，英军水手在广东新安县伶仃山，在与村民争执中殴毙村民两人，伤四人，英方拒不交出凶手。
1822	道光二年	二月十五日，上谕广东督抚暨海关监督严查各口岸，严禁银两偷漏外洋。
1822	道光二年	三月初十日，命改绕斗峪之名为宝华峪。
1822	道光二年	闰三月初四日，诏谕班禅额尔德尼，同意将

炼而成，为褐色块状，味苦，有异香。早在唐代就从阿拉伯传入我国，仅作药材使用，用来提神、镇痛、止泻等。明代，吸食之法开始从南洋传入国内，价钱甚昂。吸食鸦片，极易上瘾并很难戒绝，一旦上瘾，就会精神萎靡，骨瘦如柴。由于贩卖鸦片利润极高，所以自18世纪起，海外输入量不断攀升，国内的罂粟种植和熬炼规模也日趋扩大。清廷于雍正七年（1729）明令禁止吸食。嘉道中，又多次申禁，但收效甚微。

噶勒桑建灿（1816—1837） 楚臣嘉措之乳名，藏传佛教格鲁派大活佛，第十世达赖喇嘛。嘉庆二十一年（1816）三月，出生于四川理塘。据说出生后就有许多灵异征兆，曾被西藏僧俗大众推认为上辈达赖转世，并请求免予金瓶掣签，未获嘉庆帝批准。不过，在道光二年（1822）的金瓶掣签仪式中，他仍被抽中。此为首次以金瓶掣签确定达赖喇嘛的转世。同年八月，在布达拉宫坐床。十年，奉旨对全藏差地进行了清查，编成档册，即《铁虎清册》，作为征发差税的依据。十四年，师七世班禅受比丘戒。

		噶勒桑建灿为达赖喇嘛之**呼毕勒罕**,并谕八月初八日坐床。
1822	道光二年	四月二十五日,赐**戴兰芬**等二百二十二人进士及第出身有差。
1822	道光二年	四月二十九日,以福建民间械斗成风,令督抚严饬地方官公平审断民间争控之案,并严查**保甲**,收缴器械。

呼毕勒罕 亦作"呼必勒罕"。蒙古语音译,意为"自在转生",或"化身"。喇嘛教(藏传佛教)认为达赖喇嘛、班禅额尔德尼及各呼图克图等身故之后,皆能投胎转世,复接前生之职位。故称其转世者为"呼毕勒罕"。

戴兰芬(1781—1833) 字畹香,号湘浦或湘圃,安徽天长县人。道光二年(1822)壬午科状元,授翰林院修撰。八年,充福建乡试主考官。十年至十四年,连任陕甘学政,在整顿学规、杜绝弊端方面,为人所称道。后累擢至侍读学士。不久,英年早逝。工诗,著有《香祖诗集》、《望明轩诗赋》。

保甲 清代政权的基层组织。主要功能为维护地方治安,编审户籍。满清入关伊始,即令各地推行保甲,州县城乡,每十户立一牌头,十牌立一甲头,十甲立一保长。户给印牌,书其姓名丁口。出则注所往,入则稽所来。其寺观亦一律颁给。客店令各立一簿,书寓客姓名行李,以便稽察。乾隆二十二年(1757),改定保甲之法十五条,凡各地各色人户,不论常居流寓均令编入保甲,每户岁给门牌。牌头、甲头

1822	道光二年	五月二十五日，命两广总督**阮元**督饬所属各员查禁银两出洋，严禁鸦片进口。
1822	道光二年	七月十三日，河南新蔡县教徒**朱麻子**等人起事。
1822	道光二年	八月初五日，朱麻子等百余人被捕，乱平。

三年一更替，保长一年一换。自是立法益密，但实际的控制力自乾隆中期以后，却日渐衰微。

阮元（1764－1849） 字伯元，号芸台，江苏仪征人。乾隆五十四年（1789）进士。历官浙江、河南、江西巡抚，漕运、湖广、两广、云贵总督，道光十八年（1838），以体仁阁大学士致仕。其学平实精详，所涉甚广，尤长于治经及文字训诂。敦崇经史之学，于图书编刻，颇多提倡之力。曾于杭州建诂经精舍，在广州立学海堂。先后主编《经籍纂诂》，校刻《十三经校勘记》，汇刻《皇清经解》，主持编撰《畴人传》、《积古斋钟鼎款识》、《两浙𫐓轩录》等，自著有《研经室集》。

朱麻子 本名朱凤阁，河南新蔡县顿家冈人。家境贫寒，以租种田土为生。信奉白莲教，道光元年（1821），即与安徽阜阳县的白莲教人邢名章等暗中联络，密谋起事。道光二年夏，因生计无着，是日与寄住其家的邢名章一起杀子祭旗，宣布起义。以当地被害白莲教首领王百川相号召，很快聚众二百余人。宣布起义后，他就与邢率众进入阜阳南境，在岳家寨驻扎。但脚跟未稳，就遭到官兵围剿，起义很快失败，与邢双双在战斗中被杀。

通仓 仓名，通州（今北京市通

1822	道光二年	九月初三日,调拨**通仓**米十万石,赈济直隶被水灾民。
1822	道光二年	九月初四日,御史**程矞采**奏,豫皖交界处,**捻党**私枭甚为猖獗,为害地方。上谕令各相关督抚严饬地方员弁缉捕党首,肃清余部。

县)西、中两仓的合称。和京仓一起存储各省漕粮。归户部所属的仓场衙门管理。仓场衙门设总督,满汉各一人,由户部侍郎充任,驻通州,总理京、通各仓粮务。通仓中,西、中两仓分设满汉监督各一人,管理仓务,负责收储支放等事。每年可储粮四十八九万石,乾隆三十六年(1771),定例为年储三十余万石。

程矞采(?—1858) 江西新建人,字晴峰。嘉庆进士。道光二年(1822),擢江南监察御史。后累官按察使、布政使。二十一年,授江苏巡抚。不久改任山东巡抚,旋改调广东,次年与钦差大臣耆英同英国在虎门签订了《中英五口通商章程》。后历任漕运总督、署江苏巡抚、云南巡抚、署云贵总督、云贵总督、湖广总督。咸丰元年(1851),赴湖南衡阳堵击太平军失败,被革职,不久谴戍新疆。七年释归,次年病死。

捻党 清中叶北方的反清结社组织。"捻"为淮北方言,一捻就是一群、一组和一部分人的意思,又称捻子。起源于康熙年间,本为淮河两岸穷苦民众反抗官府的结社,后逐渐扩展到河南、山东和苏北等地。主要由农民、手工业者、盐贩和游民组成,从事抗粮、抗差、劫富济贫

1822－1823

1822	道光二年	九月十二日，葡萄牙文报纸《蜜蜂华报》在澳门出版。
1823	道光二年	十一月二十二日，道光至大高殿祈雪，十二月初六日，再祈。十三日，以祈雪未应，命再祷七日。
1823	道光二年	十一月二十三日，河南虞城县教徒卢照常等人起事，旋被访拿击毙。
1823	道光二年	十二月初八日，谕军机大臣等，严禁吸食鸦片。
1823	道光三年	二月初六日，道光帝亲书"海表同文"、"屏翰东南"和"永奠海邦"等匾额，分赠朝鲜、琉球和暹罗三国国王。
1823	道光三年	四月二十五日，赐**林召棠**等二百四十六人进士及第出身有差。

等活动。以数十人和数百人为一捻。居则为民，出则为捻，互不统属。其首领，道光年间，称"响者"或"响捻子"。咸丰以后，在太平天国的影响下，发展为"捻军"。

蜜蜂华报（A Abelha da China）
中国境内出版的第一份外文报纸。道光二年九月十二日（1822年10月26日），由传教士在澳门创刊。道光二十四年，主办权转入激进党之手，更名为Gazetache Macao。两年后停刊。

林召棠（1786－1873） 字芾南，广东吴川（今湛江市）人。

1823	道光三年	五月初一日，因近年官铜不敷使用，令云贵总督查禁私铜。
1823	道光三年	六月初六日和十五日，由于连降暴雨，北运河两次决口，十一日至十二日，永定河亦决口，直隶水灾严重。朝廷和地方官府动用帑银一百四十余万两予以抚恤赈济。
1823	道光三年	六月下旬至八月下旬，东南地区遭遇百年不遇之大水灾，其中尤以苏南和浙西地区为重。国家和社会通力予以救济，仅江苏一省，就动用帑银一百七十余万两，并社会集资一百九十五万两。
1823	道光三年	七月十二日，谕令严禁私种罂粟花和开设烟馆。
1823	道光三年	八月初二日，定《**失察鸦片烟惩处条例**》。

道光三年（1823）癸未科状元，授翰林院修撰。少受父学，聪明颖异，颇为乡里推重。嘉庆二十年（1815），乡试中式。本次殿试答卷，深得道光推许，朱批："今科得一佳元。"道光十一年，充陕甘乡试主考官。此后辞官归里，主持广雅书院多年，又主讲于肇庆书院。一生淡泊名利，致力于乡梓之公益事业，曾支持林则徐禁烟。

失察鸦片烟惩处条例 清廷为禁绝鸦片制订的专项法规，由吏、兵二部奉旨酌定。主要内容是：嗣后如有洋船夹带鸦片烟进口，或内地人私种鸦片，煎熬烟

1823	道光三年	九月初四日,以江浙水灾严重,暂弛海禁,招商赴台湾贩米。
1823	道光三年	十月初四日,山东巡抚**琦善**奏,山东历城县道人孙大凤等人传习**一炷香教**,已有多人被

膏,开设烟馆,文职地方官及巡查委员能自行拿获究办者,免其议处;其有得贿放纵者,照旧例革职;若止系于失察,按其烟斤多寡予以惩处,一百斤以上者,该省大员罚俸一年,一千斤以上者,降一级留任,五千斤以上者,降一级调用。武职失察处分亦照文职例,划一办理。

琦善(约1790—1854) 博尔济吉特氏,字静庵,满洲正黄旗人。荫生,袭侯爵,历官至河南、山东、江苏巡抚,两江总督兼署漕运总督、直隶总督,文渊阁大学士。鸦片战争爆发后,力主和议。英舰北犯天津,奉命谈判,以好言劝慰英军南归。旋充钦差大臣赴广州,一味主和,不作战事准备。道光二十一年(1841)初,因《穿鼻草约》事,被革职抄家,几论死。后复起,官叶尔羌帮办大臣、驻藏大臣、四川总督、协办大学士。咸丰二年(1852),再任钦差大臣,率清军驻扬州,建立江北大营,对抗太平军。卒于营。

一炷香教 依托道教的民间宗教。明末清初山东商河县的董吉升(四海)所创,信奉者多为山东北部、直隶南部的下层民众。后随山东人口的迁移,活动范围亦扩展到关外。其信徒主要以道观、寺庙为基地,开展活动。与白莲教、八卦教等民间宗教不同,它较为注重宗教本身的活动,讲究存神养气,性命双修,同时

		拿获。
1823	道光三年	是年,著名医学家**陈念祖**故世。
1823	道光三年	是年,**马礼逊**之《**华英字典**》出版。

也通过做道场为人斋醮,深受下层民众欢迎。它主张克己顺手,几不参与造反活动。故,琦善此时的行为,多少有些神经过敏。

陈念祖(约1753—1823) 字修园,号慎修,福建长乐人。乾隆五十七年(1792)举人,曾于嘉庆间担任知县等职。自幼习医,以医术闻名,尤致力于医学知识之普及。嘉庆末,辞官归乡,讲授医学,门生甚众。编著有《伤寒论浅注》、《金匮要略浅注》、《医学从众录》、《时方妙用》、《医学三字经》、《医学实在易》等,均较通俗易懂,注重由博返约,深入浅出,流传极广。对医学之普及推广多有贡献,但在一定程度上也存在着尊经泥古的倾向。

马礼逊(Robert Morrison,1782—1834) 西方新教派往中国的第一位传教士,英国诺森博兰人。1805年(嘉庆十年),由伦敦布道会选派来中国传教。嘉庆十二年,到达广州。十四年,开始在英国东印度公司广州商馆任翻译,并行医传教。道光三年(1823),其翻译的《新旧约圣经》首部中译本全部译竣出版。同年,其编纂的《华英字典》亦出版。次年回国,当选为英国皇家学会会员。1826年,再次来华。后病逝于广州。他是中国的伦敦教会的创始人,并于1818年在马六甲创办了英华书院。曾多次建言英国政府在中国自设法庭。

1824	道光四年	正月初一日，因上年水灾严重，命赈济、蠲缓直隶、江苏、安徽等地被水灾民。
1824	道光四年	三月初五日，定《洋米贸易例》。
1824	道光四年	四月十九日，《仁宗睿皇帝实录》纂修告竣，道光帝亲临保和殿行受书礼。
1824	道光四年	六月初三日，命各直省督抚查核所属仓储收

华英字典 英国传教士马礼逊于1815年（嘉庆二十年）开始编纂，1823年（道光三年），完成出版。全书计六大本，四千五百九十五页。仅从《康熙字典》中英译的汉字就超过四万字。

洋米贸易例 清政府制订用来管理洋米贸易的条例。主要内容为：原来规定广东粤海关准许洋米进口粜卖，但回国不准装载货物。至此规定，以后各国洋船来粤，如专运米石，粜竣，准其原船装载货物出口，与别项洋船一体征收课税。

仓储 本为各种粮仓的总称，后渐成为政府贮藏粮食和赈济灾荒、平抑粮价的一项制度。清代的粮仓，中央有储漕粮的京仓、通仓，地方上则设有常平仓、社仓、义仓、盐义仓、营仓等。这些仓储粮米除供应百官、兵丁等使用外，还主要用于备荒。国家通过动帑采买、捐输、捐纳、截漕等手段，收集贮存粮食。每当青黄不接或米价高昂时，则出借仓粮，或"存七粜三"，即低价出售；遇灾欠，则按规定将仓粮无偿发放应赈灾民。

京控 清代控诉方式的一种。清制规定，凡诉讼，直省以州县正印官为初审，不服，可逐级控府、控道、控司、控院，越级控

1824—1824

		贮米谷杂粮数目，据实册报。
1824	道光四年	六月初五日，申谕各直省督抚，遇有**京控**案件，务须亲为听断。
1824	道光四年	八月初二日，因上年东南水灾严重，多与各处河道淤积相关，著派江苏**臬司林则徐**督办疏浚江浙河道事宜。

诉者，答。如有冤抑，直接赴都察院、通政司或步军统领衙门呈诉的，称之为京控。凡京控案件，视具体情况或发回该省督抚，或奏交刑部提讯。若是情罪重大，以及涉及各省大吏，或已经言官、督抚弹劾的案件，则往往钦命大臣莅审。发回之案，由督抚率同司道亲鞫，不准发给原问官。

臬司 官名。按察使之别称，又敬称臬台，全称提刑按察使司按察使。明初设立，为掌一省刑事诉讼、监察吏治等事的司法和监察长官。清因之，各省设按察使一人，与布政使同为督抚之属吏，秩正三品。宣统三年（1911），改按察使为提法使，旋废。

林则徐（1785—1850） 字符抚，一字少穆，晚号竢村老人，福建侯官（今福州）人。嘉庆十六年（1811）进士。历官御史，按察使，江苏巡抚，东河总督，湖广、两江、两广、陕甘、云贵总督。所至皆有政绩，尤以水利事业为著。道光中，先后参加修筑浙江海塘，疏浚江浙水道，修筑湖北江、汉大堤，大兴新疆农田水利等。道光十八年（1838），上疏痛陈鸦片之害，请严禁，甚得帝心，遂充钦差大臣，赴广州禁烟。督同两广总督邓廷桢查禁走私，收缴焚毁鸦片

1824	道光四年	八月二十二日，张格尔等入犯乌鲁克**卡伦**，被逐回。**巴彦巴图**等旋即率兵进剿。
1824	道光四年	九月初五日，**永芹**接巴彦巴图札，称张格尔已奔投**喀拉提锦**部。
1824	道光四年	十月初六日，接伊犁将军庆祥、永芹等奏报

二万余箱。整饬沿海武备，招募乡勇，屡败英国侵略军。道光二十年十月，以战事不利被革职，不久被遣戍伊犁。二十六年，起复，先后授陕西巡抚、云贵总督，以措置汉回民族关系适宜，加太子太保。咸丰帝即位，再克钦差大臣，驰赴广西督师镇压太平天国运动，卒于潮州行次。

卡伦 满语音译，意为"防守处"或"哨所"。是清代设立于东北、蒙古和新疆等边境地区内侧的军事要塞和税收关卡。一般分为三层：内称"常设卡伦"，为永远驻守者；外称"移设卡伦"，再外称"添设卡伦"，皆可盈缩，暖则外展，寒则内迁，幅度可数百乃至数千里，均在常设卡伦之外，边界线以内。其主要职能为：稽查游牧、屯田、采玉、采矿、盗犯以及往来贸易之人，并传递文书。因地区不同，任务也不尽相同。

巴彦巴图（？—1825） 郭佳氏，满洲正白旗人。乾隆五十八年（1793），袭骑都尉世职。嘉庆二十年（1815），累擢头等侍卫授伊犁领队大臣，二十五年，再擢正红旗蒙古副都统。道光三年（1823），命为喀什噶尔帮办大臣。次年，曾领兵击逐张格尔之进犯。五年七月至八月，为追捕张格尔，领兵深入帕米尔高原四百余里。回兵途中，遇布鲁特

		后，道光谕令，若张格尔等杳无踪迹，亦不必带兵深入。
1824	道光四年	十一月十二日晚，**洪泽湖高堰十三堡决口**。为此，**南河总督张文浩**和大学士、两江总督**孙玉庭**等大员相继受到严厉惩处。

人百余人，妄开杀戒，结果遭该族骑士围攻，阵亡。

永芹（？－1825） 爱新觉罗氏，宗室，隶正蓝旗。乾隆五十五年（1790），袭三等镇国将军。嘉庆十八年（1813），擢二等侍卫，授喀喇沙尔办事大臣。次年，调喀什噶尔办事大臣。二十一年，以追剿犯边回众不力，被革职回京。后起复，道光二年（1822），以副都统再授喀什噶尔办事大臣，旋擢参赞大臣。到任后，墨守无能，调度失宜，不能调整缓和回疆的各种矛盾，致张格尔屡犯边作乱。五年十一月，以办理不善被革职，不久病逝。

喀拉提锦部 清代布鲁特（柯尔克孜）部落名。又作喀尔提锦部、喀尔提金部。在喀什噶尔西南六百余里处的玉都巴什卡伦外游牧。乾隆二十四年（1759），归附清朝。五十二年，首领萨满齐效忠清廷，获四品顶带花翎。隶喀什噶尔参赞大臣管辖。

洪泽湖高堰十三堡决口 道光四年十一月十一日（1824年12月30日）午后，洪泽湖西风骤起，猛烈异常，洪泽湖湖水顿成惊涛骇浪，至十二日晚，高堰十三堡兜湾等处决口，堤塌约宽五十余丈。后又有多处堤堰被冲塌，冲塌堤坝堰圩总长达九千余丈，缺口之水，漫注扬河。因湖水宣泄太过，致使第二年漕运严重受

1825	道光四年	十二月十三日，洪泽湖高堰决口合龙。
1825	道光五年	二月初五日，因运河河道浅阻，漕运困难，谕令各江浙相关督抚奏议**漕粮海运**事宜。
1825	道光五年	五月初八日，太监马长喜以在浒墅关伪称奉旨进香，交刑部治罪。并谕各督抚，凡有伪

阻。因此事件，南河总督张文浩和大学士、两江总督孙玉庭等大员相继受到严厉惩处。

南河总督 南河河道总督之简称，官名。清初设专管河道疏浚和堤防事务的河道总督，综理黄、运两河事务，时称"总河"，秩正二品，例兼兵部侍郎、都察院右副都御史衔。雍正七年（1729），因已于雍正二年增设专管河南河务的副总河，遂改总河为南河河道总督，简称南河总督，驻清江浦；副总河改称东河河道总督，与南河平行。咸丰八年（1858），裁撤，由漕运总督兼管。

张文浩（？－1836） 顺天大兴（今北京）人。入赀为布政司经历，投东河、南河效力。嘉庆十年（1805），授山清外河同知，后以治理黄、运两河，累迁河东、南河河道总督。嘉庆中，先后办理黄河仪封、武陟马营坝口决口堵复工程，负责勘查南北运河及永定河漫决。道光四年底（1825年1月），漕运不利，而高堰湖堤又漫决万余丈，致道光大怒，获知文浩任内处置失宜，遂置以重典，著革职，于工次枷号一月，遣戍新疆。后卒于戍所。

孙玉庭（1752－1834） 字寄圃，山东济宁人。乾隆四十年（1775）进士，选庶吉士，授检讨。嘉庆初，迁按察使，历官湖

		称奉旨办差者,立即奏办。
1825	道光五年	七月二十三日,应江苏巡抚**陶澍**等人之议,同意江苏试办海运。江苏漕粮中一百五六十万石改为海运,余仍旧漕运。

南、安徽、湖北布政使,广东、广西、贵州、云南等省巡抚,湖广、两江总督,体仁阁大学士。在任期间,在整顿江南盐务、漕政,疏睛禁革直省陋规,改漕粮陋规等方面,有所建树。道光四年底(1825年1月),因高堰湖堤决口,被革职,命留工地疏浚运河。工竣,回籍。十四年,重宴鹿鸣,加四品顶戴。寻卒。

漕粮海运 道光以后实行的漕粮运输办法。清承明制,漕粮一律由漕船通过运河运送至京。嘉道以后,由于河道淤塞,漕运日渐困难,故海运之议渐起。道光四年底(1825年1月),因高堰堤决,漕运一时难行,遂于是年同意陶澍第二年在上海试办海运,将苏南各府州部分漕粮招商由海路运抵天津缴收。虽然试运极为顺利,但因运河暂时修复,海运仍被搁置。二十八年,江苏再次办理海运,咸丰二年(1852),浙江漕粮亦酌改海运。此后,渐以海运为常,漕运份量趋于萎缩。光绪后期,因漕粮基本改征折色,漕运停止,惟海运少量本色。

陶澍(1779-1839) 字子霖,号云汀,湖南安化人。嘉庆七年(1802)进士。历官御史、给事中、按察使、布政使。道光三年(1823),授安徽巡抚,五年,调任江苏巡抚,十年,迁两江总督。在江苏任职期间,力主漕运

1825	道光五年	七月间，张格尔至萨雅克部落居住，随行者仅十八人。得报，永芹即令巴彦巴图率兵二百名，以查卡伦为名，前往捕拿。
1825	道光五年	七月至八月，巴彦巴图领兵深入帕米尔高原四百余里，一无所收。
1825	道光五年	八月，巴彦巴图在回兵途中，遇**布鲁特**人百余人，妄开杀戒，结果遭该族二千余骑士围攻。二十四日，抵阿克密依特，二十五日，误入山陔被围，二十六日巴彦巴图阵亡，全军覆亡。

海运，于六年亲赴上海督办海运，海运苏南漕粮一百六十余万石，为清代漕粮海运之始。同时，与林则徐一道，致力于苏南河道之疏浚，江苏荒政积弊之改革，又努力整顿淮盐积弊，改革盐务，极力推行票盐法，均著有成效，令当地受益良多。他勇于认事，力革时弊，为朝野所重。留存有《陶文毅公全集》。

布鲁特 古族名。准噶尔语音译，意为"高山居民"、"高原人"。清代对柯尔克孜族的称谓。最初活动在叶尼塞河上游，元明以后，逐渐迁移到西部天山地区。分东、西两部，天山以北称东布鲁特，以南为西布鲁特。曾受近邻准噶尔部侵扰和统治达七十年之久。乾隆二十二年（1757），清军平定准噶尔部，东布鲁特随之内附；西布鲁特于协助清军平定大小和卓之乱后，大部附清，小部则随清军东迁到黑龙江一带。

贺长龄（1785－1848） 字耦耕，号西崖、雪霁，晚号耐庵。

1825	道光五年	九月初八日，琦善奏报，陶澍、**贺长龄**赴上海会办海运事宜，招雇商船，商情颇为踊跃。道光同意将**苏南四府一州**应征该年漕粮全数海运至津。
1825	道光五年	十一月二十日，接永芹奏，张格尔等已窜至硕拉地方，距卡伦约五六百里。该月，永芹被夺职，旋病故。
1826	道光五年	十一月二十九日，实授**长龄**为伊犁将军，庆祥为喀什噶尔**参赞大臣**。

湖南善化人，原籍浙江会稽。嘉庆十三年（1808）进士。道光元年（1821），出任江西南昌知府。历官江苏按察使、布政使，署山东巡抚，贵州巡抚，云贵总督等职。江苏任内，佐巡抚陶澍创行海运；在黔九年，禁种鸦片，振兴文教，广建书院义学；赴滇后，致力于协调回汉民族矛盾，镇压回民动乱，然力有不逮，终于二十六年被降职，次年，继被褫职。编纂有《皇朝经世文编》一百二十卷。

苏南四府一州 指苏州、松江、常州、镇江四府和太仓直隶州。清初，江苏和安徽为一省，称江南，设左右布政使，右布政使为江苏布政使司，治苏州，掌江苏之财政、民政。乾隆二十五年（1760），移安徽布政使司于安庆，增设江宁布政使司，析江宁、淮安、徐、扬四府，通、海二直隶州属之，留苏南四府一州仍归江苏布政使领属。

长龄（1758—1838） 字懋亭，萨尔图克氏，蒙古正白旗人，尚

1825	道光五年	因福建歉收,准暂弛海禁,招商运浙米入闽。
1826	道光六年	二月初四日,调乌鲁木齐绿营兵五百名、马五百匹赴喀什噶尔听候差遣。
1826	道光六年	二月二十九日,江苏海运漕米船九百余艘,载米一百一十二万余石,顺利运达天津。
1826	道光六年	四月二十四日,庆祥败张格尔于卡外。

书纳延泰子,惠龄之弟。乾隆中,充军机章京,擢理藩院主事。累官至文华殿大学士管理藩院事、军机大臣、御前大臣、领侍卫内大臣。嘉庆中,率军镇压川陕楚白莲教起义、陕西岐山县饥民暴动。道光六年(1826)和十年,两次充任扬威将军,督师征讨张格尔叛乱,讨平之。晚年,回京供职,封一等威勇公。著作有《长文襄公自订年谱》、《长文襄公新疆善后奏疏》等。

参赞大臣 参赞原为参谋协助之意,清设为官名,有常设和临时派授之分。常设者是指管理新疆和外蒙古地区军政事务的大员,地位略次于驻防将军和都统。伊犁将军和乌里雅苏台定边左副将军之下均设参赞大臣,以"佐画机宜"。塔尔巴哈台、科布多和喀什噶尔则专设参赞大臣。临时派授者为每遇重大军事行动,朝廷往往在统率之下派参赞大臣,以赞襄军务,分统军队。

朱昌颐(1784—1855) 字朵山,浙江海盐人。道光六年(1826)丙戌科状元,授翰林院修撰。此前,曾由拔贡小京官升任六品主事。此后,历任赞善、户部主事、户部员外郎、会试同

1826	道光六年	四月二十五日,赐**朱昌颐**等二百六十五人进士及第出身有差。
1826	道光六年	六月初五日,接闽浙总督**孙尔准**奏,自四月中旬起,台湾嘉义、彰化土民与闽粤客民发生械斗,并抗拒官兵。命福建提督**许松年**驰往查办。
1826	道光六年	六月初十日,定《**逃走太监治罪例**》。

考官、山西道监察御史、吏科给事中等职。道光后期,因受同僚排挤,罢官归籍,主讲敷文书院。咸丰初,起复为六品主事。终生郁郁不得志。著有《鹤天鲸海诗文稿》。

孙尔准（1770—1832） 字平叔,江苏金匮（今无锡）人,广西巡抚永清子。嘉庆十年（1805）进士。十九年,出为福建汀州知府,历任江西按察使、福建布政使、广东布政使、安徽巡抚、福建巡抚、闽浙总督加太子少保。长期在福建任职,治理地方治安,协调民族关系,皆有政绩。开创台湾五条港以利商船,请在噶玛兰设官治理,用兵彰化,增设营汛,亲勘修复莆田木兰陂。

许松年 字蓉隽,浙江瑞安人。以武举效力水师,以战功累擢至提标、参将。嘉庆十年（1805）,护理金门镇总兵,历官西宁、延绥、漳州、天津诸镇总兵,广东陆路、福建水师提督。擅长水战,于东南海上,屡败蔡牵、朱渍、张保仔部,封云骑尉世职。道光六年（1826）,在处理台湾械斗案中,因与总督孙尔准意见相左,终以治理轻纵,被议褫职,留台效力,乞病

1826	道光六年	六月三十日,编查苗疆客民保甲,禁止流民擅入苗寨。
1826	道光六年	六月,因回民响应,张格尔势力日炽,**回疆西四城**相继被围攻。
1826	道光六年	七月十二日,命**武隆阿**为钦差大臣,督办台湾民乱事宜。两日后,又因回疆军情紧急,谕令暂缓起程。
1826	道光六年	七月十三日,命**杨遇春**为钦差大臣,督剿张

归籍。后卒于家。

逃走太监治罪例 清惩治太监的专项法律。道光六年(1826),由内务府制订。规定初次逃走又投回者,责六十,减食五钱,罚赏银一年;初次逃亡被拿获及二次逃走投回者,均责六十,发吴甸铡草一年;二次逃走内有一次投回者,责八十,发吴甸铡草一年半,二次逃走俱系被获,责一百,发吴甸铡草两年;三四五次逃走,无论投回被获均责一百,发往铡草分别三四五年,五年期满复行逃走,永远枷号。

回疆西四城 清代称今新疆天山以南信奉回教的维吾尔族聚居区为回疆,也称南疆。回疆境内有八大城市,其中西边有四城:喀什噶尔(今喀什)、叶尔羌(今莎车)、英吉沙尔(今英吉沙)、和阗(今和田),被称为回疆西四城。其中喀什噶尔当时驻参赞大臣,其余各城则设办事大臣或领队大臣,是南疆的军事、政治、经济重地。

武隆阿(?—1831) 瓜尔佳氏,满洲正黄旗人。提督六十五之子。嘉庆初年,以健锐营前锋

		格尔叛乱。
1826	道光六年	七月二十四日,授大学士长龄为扬威将军,负责剿办回乱。杨遇春、武隆阿俱为钦差大臣,参赞军务。
1826	道光六年	七月,英吉沙尔陷落。
1826	道光六年	七月二十七日至八月二十四日,张格尔叛军屡攻阿克苏,均为守将**长清**击退,歼敌近二千。

征讨湖北白莲教之乱,后随父征战四川,以军功多累擢副都统。历官广州潮州镇、福建台湾镇总兵至直隶提督、山东巡抚。道光六年(1826),任钦差大臣,参赞扬威将军长龄军务,征讨回疆张格尔叛乱,以功加太子少保。以上疏附和长龄弃守回疆西四城,实行土司制度之议,被贬斥。后出任喀什噶尔参赞大臣,和阗办事大臣。

杨遇春(1761—1837) 字时斋,四川崇庆人。武举出身。为福康安所识拔,乾隆中,从征甘肃石峰堡、台湾、廓尔喀、湘黔苗疆,屡立战功,累擢副将。嘉庆二年(1797),赴湖北征讨白莲教起义,以功升陕西提督。十八年,赴河南讨平天理教起义。次年,至陕西镇压岐山木工之乱。道光六年(1826),以参赞大臣身份率师赴回疆讨伐张格尔之乱,对平定回疆之乱,多有功绩。事定,授陕甘总督,加太子太保。善治军,与杨芳有"二杨"之称。

长清(?—1837) 钮祜禄氏,满洲镶红旗人,内大臣策楞孙,

1826	道光六年	八月二十日,张格尔叛军攻破和阗。
1826	道光六年	八月二十五日,张格尔军攻陷喀什噶尔,参赞大臣庆祥、**帮办大臣舒尔哈善**皆殉职。进而,叶尔羌亦陷落。至此,回疆西四城全部陷于张格尔之手。
1826	道光六年	十月十五日,长龄率军在柯尔坪击溃张格尔叛军,歼敌二千余。
1826	道光六年	十一月初四日,准广东洋、盐各商捐输银一百万两,准淮商捐输银二百万两,以备回疆军需。
1826	道光六年	十一月十二日,因台湾民乱平息,加孙尔准

副都统特成额子。以荫生入赀,授兵部主事,累迁郎中。道光五年(1825),加副都统衔,充阿克苏办事大臣。次年,张格尔发动叛乱,西四城相继沦陷。在援军未到的情况下,凭智勇力保阿克苏不失,厥功甚伟。授镶白旗蒙古副都统,仍留任。十年,回疆复叛,以进军不力,被降级。十二年,加提督衔,充叶尔羌办事大臣。十四年,授乌鲁木齐都统。逾年,授福州将军。

帮办大臣 官名。清政府派驻新疆回部、外蒙古和西藏等地区协助办事大臣或参赞大臣的官员。

舒尔哈善(?—1826) 葛哲勒氏,满洲镶白旗人。嘉庆初年,以骁骑校从征川、陕白莲教起义,有功,予巴图鲁勇号。累擢布特哈乌拉协领。道光初,予三

		太子少保衔。
1826	道光六年	是年，《皇朝经世文编》成书。
1827	道光七年	二月十四日，准浙东盐商捐银一百万两，以备回疆军需之用。
1827	道光七年	二月初六日至二十八日，长龄统领大军进剿叛军，连战连捷，大败张格尔军于洋阿尔巴特、沙布都尔、阿瓦巴特等地。叛军力渐不支。
1827	道光七年	二月二十六日，山西平陆县地震，圮塌窑房五十五间，死八十四人。
1827	道光七年	三月初一日，喀什噶尔克复，张格尔逃脱。

等侍卫，充库尔喀喇乌苏领队大臣。六年（1826），张格尔进犯，调喀什噶尔帮办大臣。在守城战中，身先士卒，受枪伤，仍奋勇杀敌。城陷被杀，予骑都尉世职。

皇朝经世文编 又名《清经世文编》，贺长龄、魏源等编，一百二十卷。选辑了清初至道光初年官僚士人关乎时政和国计民生的奏议和文章二千二百三十六篇，分类汇编，计分学术、治体、吏政、户政、礼政、兵政、刑政、工政等八类，类下再分子目，共六十五目。该书是研究清史的重要资料，不仅内容广泛，而且分类详明，便于查阅。其后，有仿其体例之续编本多部。有道光七年（1827）刊本、同治十二年（1873）刊本、光绪二十七年

1827	道光七年	三月初五日至二十九日，相继收复英吉沙尔、叶尔羌、和阗。至是，回疆西四城全部克复。张格尔仍窜逸。
1827	道光七年	三月十四日，两江总督琦善等奏，**黄河河床疏浚工程**完成。
1827	道光七年	闰五月初一日，以新疆战乱被扰，普免**回疆八城**上年并该年额赋。
1827	道光七年	八月二十六日，以回疆克复已逾六月，仍未

（1901）上海广百宋斋校印本、中华书局1991年影印光绪十二年思补楼重校本等。

黄河河床疏浚工程 为疏通漕运航道而实行的水利工程。先是，因黄河泥沙淤垫，回空漕船被阻于河北，琦善等筹议启放王营旧减坝，通过疏浚黄河正河河床来疏通航道。是时，工程竣工，减坝重新筑堵合龙，黄河挽归故道，下游被淹村庄灾情解除。但不久就发现，工程并不成功，河底未能深通，重运漕船仍然受阻。琦善等被议处。

回疆八城 南疆的回疆西四城与东部的乌什、阿克苏、库车和喀喇沙尔（今焉耆），合称回疆八城。参见回疆西四城条。

杨芳（1770－1846） 字诚斋，贵州松桃人。少有干略，屡试不中，入伍从军，为杨遇春所赏识，荐补把总，洊擢守备。嘉庆中，参与镇压川、楚白莲教起义，平定宁陕兵变，征讨河南天理教起义，赐号"诚勇巴图鲁"，累官至河北镇总兵、甘肃提督。道光六年（1826），授参赞大臣赴回疆平定张格尔之乱，屡立战

1827—1827

		获张格尔，将长龄、杨遇春、**杨芳**和武隆阿革职留任，以观后效。
1827	道光七年	十一月初九日，命直隶总督**那彦成**为钦差大臣，驰往喀什噶尔会同长龄筹办善后事宜。
1827	道光七年	十一月初十日，从长龄请，回疆西四城及阿克苏、乌什留驻满汉官兵一万八千名。
1827	道光七年	十一月十三日，谕令**丁忧**人员遵例回籍**守制**。

功，率部擒获张格尔，晋封一等果勇侯。十八年，调任湖南提督。鸦片战争中，再任参赞大臣，襄助奕山赴广州防剿。以畏敌求和被革职留任。旋回湖南之任。

那彦成（1764－1833） 字绎堂，章佳氏，满洲正白旗人，大学士阿桂孙。乾隆五十四年（1789）进士。累迁为内阁学士。嘉庆三年（1798），任军机大臣。历任吏部、户部侍郎，工部尚书等职。五年，赴四川征剿白莲教起义，以军事失利罢军机，降职为侍讲学士。后因镇压广东天地会起义有功，复军机职，擢两广总督。十八年，为钦差大臣赴河南讨平天理教起事，授直隶总督。道光七年（1827），赴新疆办理回疆善后。十一年，以办理不善被褫职。

丁忧 亦称丁艰，中国古代的礼制。清规定，父母死亡，子女在家守丧三年（实际是二十七个月）。其间，不能任官、婚嫁、筵宴、应考。

守制 官职术语。清制，官员父母和祖父母死亡，须解职归家丁忧，以示重视忠孝之义。终制起

1828	道光七年	十二月二十八日，张格尔被杨芳所率清军擒获于喀尔铁盖山。
1828	道光八年	正月二十二日，生擒张格尔捷报奏闻。
1828	道光八年	正月二十三日，以擒张格尔，赐封长龄威勇公爵，授御前大臣，赐封杨芳果勇侯爵，均开复一切处分。其他有功人员亦升赏有差。
1828	道光八年	正月二十五日，定**新疆官员考察制**，并增支新疆官员养廉银。
1828	道光八年	二月初五日，群臣以收复回疆请上**尊号**，道光不准。
1828	道光八年	三月初三日，谕令查办湖南洞庭湖湖滨私筑

复。满、蒙京官守制，百日后可赴原官署办事，但不参与朝会、祭祀，期满起复。若遇特殊情况，可由皇帝特旨谕令于居丧未满之时起复，素服供职。

新疆官员考察制 该制度规定，嗣后，每年年终，在疆的将军、都统和参赞大臣要对其所属各城管事大臣作出考核，并出具考语，密行陈奏。其中，北疆的哈密办事大臣与吐鲁番、巴里坤、古城、库尔喀喇乌苏归乌鲁木齐都统管辖，南疆的喀喇沙尔、库车、阿克苏、乌什、叶尔羌、和阗、英吉沙尔等，归喀什噶尔参赞大臣专辖，并均归伊犁将军统辖。

尊号 尊崇帝、后的称号。在古代，臣下以尊崇的名号进称皇帝，和嗣皇帝尊前任皇帝为太上

		堤垸。
1828	道光八年	四月，稽查回疆寄居之**安集延**人。
1828	道光八年	五月初七日，因淮盐滞销，命江苏、安徽、湖广各督抚严厉查禁私盐。
1828	道光八年	五月初十日，张格尔解送至京。
1828	道光八年	五月十二日，道光帝至午门城楼，行献俘礼，并命王大臣会同刑部严讯张格尔。
1828	道光八年	五月十四日，张格尔被**寸磔**枭示。
1828	道光八年	五月十九日，命绘平定回疆功臣像于**紫光阁**。

皇、尊后为皇太后、太皇太后等，称为上尊号。尊号只能上一次，而徽号则可每遇庆典累加。

安集延 浩罕国的四大城市之一，位于喀什噶尔西北五百里处。其人好贾，远游新疆南北各城，处处有之。故在新疆，安集延人往往为浩罕人之代称。

寸磔 凌迟的别称，死刑中最残酷的一种。唐代已有，历代相沿。清代用于十恶不赦之重罪，被称为极刑。其刑残酷无比，对犯人进行零割，寸而磔之，常多达千万刀，终至体无完肤。最后，取其脏腑，乃毕其命。清末新政中，此刑被废，改为斩决。

紫光阁 阁名。在北京西苑太液池（今中南海）西岸。清时为元旦宴请藩属王公之处所。又于阁前殿试兵部中式武举。

1828	道光八年	七月初三日，**更定《回疆补放伯克章程》**。
1828	道光八年	七月初六日，朝鲜国王李玜以回疆平定，遣使进献贺表方物。
1828	道光八年	七月二十八日，定《**稽查新疆北路茶叶、大黄章程**》。
1828	道光八年	九月初十日，道光帝得悉新建宝华峪地宫渗水，大为光火，开始惩处英和、戴均元等监办官员。此后，惩处不断升级，直至下狱发配。
1828	道光八年	因闽粤等省聚赌成风，令苏、浙、闽、粤、桂等省督抚，严饬府州县，严密缉拿各赌场

更定《回疆补放伯克章程》 旧例，各城大小伯克缺出，由本城大臣拟定正陪，咨送喀什噶尔参赞大臣验放，分别奏咨。往往有贿嘱营谋等弊。至是规定，三品至五品伯克由本城大臣选择适当人选四五名，造具四柱清册，一劳绩，二资格，三人才，四家世，填注事实，出具切实考语，咨送喀什噶尔参赞大臣复核上闻；六、七品伯克仍咨送喀什噶尔参赞大臣验放。同时，申严回避禁令，大伯克回避本城，小伯克回避本庄。

稽查新疆北路茶叶、大黄章程 以张格尔叛乱，"悉由安集延内外勾结"所致，故定此章程。此章程规定，细茶、杂茶著即严行禁止，不准贩入伊犁及塔尔巴哈台境内，以绝安集延私贩之弊。其大茶、斤茶，安集延外夷向不兴贩，嗣后准其贩运。副茶，听

		赌局。
1828	道光八年	十月二十六日，禁止山东流民私出海口，前赴盛京边外占种官荒。
1828	道光八年	十一月初四日，严禁直隶流民移居关外。
1829	道光八年	十二月初六日，那彦成奏闻，回疆西四城新建或修补工程，先后完竣，共支银十六万六千余两。
1829	道光八年	十二月初六日，因传习天主教被捕的顺天府民张成善等八人，被处以"**杖**一百**流**二千里，于犯事地方加**枷号**三个月"之惩罚。

官兵领买。至大黄一项，著一律稽查。并规定，所有行茶之法，设官商经理，配引为凭。该章程实际上禁绝了与浩罕的贸易通道，并剥夺了安集延人贸易权力，终致回疆不久再起动乱。

杖 即杖刑。对罪犯的处罚方式，五刑之一，始于周，隋代归入五刑，清沿用。亦称大杖。即用大荆条或大竹板拷打臀、腿或背。其刑重于笞刑，轻于徒刑。清杖刑自杖六十至一百，分成五等。常行杖一般长三点五尺，大头直径二点七分，小头一点七分。凡文武官员犯杖刑，则分别公私，代之以罚俸、降级、降调和革职等处分。清末新政，革除该刑，改为罚银或做工。

流 即流刑。对罪犯的处罚方式，五刑之一，始于秦汉，隋代归入为五刑，清沿用。即遣送犯人至一定地方去服劳役。清制，

1829	道光八年	十二月二十八日，因**浩罕**拒绝送回张格尔家属，命断绝与其通商，不准茶叶、大黄出卡。
1829	道光九年	正月二十五日，御史章沆奏，粤洋通市夷商，

流刑分为二千里、二千五百里和三千里三等，每等均要加杖一百。初由各县解交巡抚衙门，按照里数，酌发各处荒芜及濒海州县。乾隆八年（1743），刑部纂辑《三流道里表》，对各地各等流犯应发配的地点作了具体规定。清末新政，流刑仍予保留，但配犯一律入罪犯习艺所服刑，且规定了年限。后又废除附加杖刑。

枷号 又叫枷示，是一种在监外带枷示众的刑罚。枷是套在罪犯颈项上的板状刑具，一般长二点五尺，阔二点四尺。重量，清初为六至七十斤，乾隆五年（1740），一律改为二十五斤，嘉庆十七年（1812），再改为三十五斤。清初对囚禁罪犯酌量加枷，康熙八年（1669），囚禁人犯止用细链，不用长枷，而遂专为枷号刑具。其数初不过一月、二月、三月，后竟有论年或永远枷号者。旗人犯徒、流等刑，可以枷号代刑。清末此刑被废。

浩罕 一名敖罕，又曰霍罕、郭酣等，葱岭以西之伊斯兰国家。东与东布鲁特接，南与西布鲁特接，西与布哈尔国接。18世纪二三十年代以前，受制于布哈尔。后乌兹别克酋长据费而纳盆地自立，是为浩罕国之始。乾隆二十四年（1859），清军追捕大小和卓，遣使至其境，额尔德尼奉表称臣，成为清朝的藩属国。后国力日强，不受清朝约束。继而侵占哈萨克、布鲁特牧地及清朝违例私易银钱，并夹带鸦片入境。当恪遵定例，只准易货，不准易银，违禁货物，不准私入。诏命两广总督**李鸿宾**、广东巡抚**卢坤**等妥议章程具奏。

边境。并收养和卓后裔张格尔、玉素普、倭里汗等，默认甚至支持其入侵新疆，制造边患。同治后，逐步被沙俄控制，1876年（光绪二年）灭国，成为俄国的费而干纳省。

李鸿宾（1767—1840） 字鹿苹，江西德化（今九江）人。嘉庆六年（1801）进士。初为言官，以建言骤起。二十年，擢河东河道总督。累官至湖广、两广总督，协办大学士。任河、漕等职多年，对疏通漕运河道、修复黄河决口等，多有用力。道光初，改革湖广食盐销售制度，亦为善政。调任两广后，篃篃不伤，乃贻海疆隐患。受贿允外人容阿华充任行商，遂使外人始轻中国官吏。查禁鸦片，增修军防，均奉行具文，未有实效。道光十二年（1832），以征剿崖州黎乱不力，被革职，谴戍新疆。二年后释归。

卢坤（1772—1835） 字厚山，顺天涿州（今河北涿县）人。嘉庆四年（1799）进士。历官至陕西巡抚，湖广、两广总督加太子少保。道光中，抚治陕西南山地区，广兴水利，大举垦务；回疆叛乱起，驻肃州办理平叛军需；改革湖广盐务，渡河筑堤，均有绩效。道光十二年（1832），督师用兵湖南、广东瑶疆，封世袭一等轻车都尉。后在广州治海防，曾严拒英国商务监督义律之要挟，并将英舰逐出虎门。后卒

1829	道光九年	二月初三日,道光以平定回疆,告成太学,命勒石于大成门外,御制碑文。
1829	道光九年	二月十四日,定新疆贸易仍遵旧制,凡入卡贸易者,三十税一,不准减免。
1829	道光九年	二月二十五日,严格清查京城保甲。
1829	道光九年	四月初四日,复广东**十三行招商旧例**。
1829	道光九年	四月二十五日,赐**李振钧**等二百二十一人进

于任。

十三行招商旧例 十三行行商具有一定官商性质,需要由官府认可。旧例,如有家底殷实,呈请充任者,先让其暂行试办一两年,若能做到贸易公平,洋商信服,并足额缴纳饷项,由一两行商保举即可充任。后为加强控制,改为必须由总散各商联名保举才能充任。现由于行商亏短严重,投充者日少,著恢复旧制。

李振钧(1794－1839) 字仲衡,号海初,安徽太湖(今属安庆市)人。出身科第世家,少有才华。传胪、布政使李长森之次子。道光九年(1829)己丑科状元,授翰林院修撰。道光十八年(1838),充顺天乡试同考官。累官至侍郎。长于诗,著有《味镫昕业庐诗集》。书法亦精。年未五十而卒。

清厘州县案牍章程 针对各地理讼断案怠忽拖延,往往经年累月而制订的章程。由大学士松筠奏准。该章程规定,嗣后州县必须将所收呈词及其审理具结情况,按月详细呈报该管道府、按察使和督抚查核,视查核情况分别记

		士及第出身有差。
1829	道光九年	五月初三日，定《清厘州县案牍章程》。
1829	道光九年	五月二十八日，越南国王请航海通市贸易，不准。谕仍遵旧制，于陆路往来贸易。
1829	道光九年	七月初七日，颁定《严禁官银出洋及私货入口章程》。
1829	道光九年	七月十四日，定《偷运私酒惩处例》。

功或记过。

严禁官银出洋及私货入口章程
清廷为查禁鸦片防止白银外流的章程，由两广总督李鸿宾奉旨调查拟订，主要内容如下：（一）中外贸易，以货易货，不敷部分，以番银补齐，行商换用官银者，照私运例治罪；（二）责成各口文武员弁丁役严查，一经发现官银偷漏，照例严究；（三）责成地方文武派拨巡船严查以小艇偷载官银出口者；（四）行商和外国商人交易，必须同赴粤海关联名出具并无换用官银甘结；（五）责成澳门同知示谕民人，不许使用官银向洋人买货；（六）番银成色不足九成者，不准使用；（七）重新申禁外船夹带鸦片，并严稽民船靠近洋船，以防代运。

偷运私酒惩处 清廷为制止京师私自酿酒并贩卖私酒而制订的条例。该条例规定：嗣后崇文门宣课司衙门拿获偷运私酒人犯，其隐匿正课税银在五十两以上者，罪应拟徒，一百两以上者，罪应拟流者，咨送刑部审办。罪止拟杖者，由崇文门自行拟结。所获

1829	道光九年	九月初九日,广州洋行连年闭歇,拖欠夷银近三百万元,英国货船延不进口,停泊澳门外洋,并要求粤督加以整顿并废除保商**买办**。
1829	道光九年	十月二十九日,饬令各衙门书吏役满之后,即限期回籍,不准逗留京城。
1829	道光九年	十二月初五日,道光谕李鸿宾等,若英船故

之酒,照例入官。官弁兵役知情故纵者,与犯同罪。受贿者,以枉法从重治罪。

买办 又称"康白度"(葡萄牙文Comprador的音译)。是殖民地半殖民地国家中替外国资本家在本国市场上服务的中间人和经理人。在中国,买办原是明代供应宫廷用品的商人。到清代实行公行贸易制度后,为居住在广东商馆替外商服务的中国采买人和管事人的称呼。当时买办须由行商、通事作保方能充任,不能由外商任意选雇。鸦片战争后,公行制度取消,外商以《中美望厦条约》为依据,可以自由雇佣买办,地方官不能过问。后随资本帝国主义侵略的加深,洋行增多,买办亦参与洋行的业务经营,成为外商的代理人。

洋钱 清代对外国银币的总称,闽粤之人称之为"番银"。品种达数十种之多,最为流行者为墨西哥的鹰洋和西班牙的本洋。流通数量约十一亿元,其中三分之一为鹰洋。

纹银 亦称"足纹"。清代法定的银两标准成色,用于帐目往来结算和作为民间完粮标准。每千两纹银实含纯银九百三十五点

		作刁难，抗不进口，即行驱逐，不可稍涉迁就。
1830	道光九年	十二月十六日，因近年外国船只来华，多载**洋钱**，收买**纹银**，装运鸦片，营销各口，耗财伤人，谕令李鸿宾等，究明弊源，严行查禁。
1829	道光九年	是年，著名学者**刘逢禄**、**洪亮吉**病逝。

三七四两。不过清代实际流通的银两为宝银，即元宝银。宝银各地成色不一，一般成色要高于纹银，因此折合纹银时要升水。

刘逢禄（1776－1829） 字申受，江苏武进人，大学士刘纶孙。嘉庆十九年（1814）进士，后授礼部主事，任职礼部十二年。自幼从外祖父庄存与、舅父庄述祖学，以今文经学家著称。治经精于《春秋公羊传》，主张西汉董仲舒、东汉何休之说，反对许慎、郑玄的繁琐考证。著有《公羊春秋何氏释例》、《左氏春秋考证》、《论语述何》、《虞氏易变动表》、《尚书今古文集解》等书。

洪亮吉（1746－1809） 字君直，一字稚存，号北江，江苏阳湖（今武进）人。少孤贫，力学，孝事寡母。乾隆五十五年（1790）榜眼。曾分校顺天乡试，督贵州学政。嘉庆四年（1799），以批判朝政激怒嘉庆，谴戍伊犁。次年释回，自号更生居士，从此寄情山水，专意著述。深通经史、音韵训诂及地理之学，著作颇丰。极富远见地提出了人口增长与粮食生产能力之间存在矛盾这一社会问题。著

1829	道光九年	是年,《皇清经解》正式刊行。
1829	道光九年	是年,**洪秀全**赴广州应试不第。
1830	道光十年	正月十八日,定《喀什噶尔违禁易茶惩处条例》。
1830	道光十年	正月二十六日,美国基督教公理会派往中国

有《春秋左传诂》、《三国疆域志》、《洪北江全集》等。

皇清经解 又名《学海堂经解》,阮元主持编纂汇刻。原刻本一千四百卷,续刻八卷。搜集清初至乾嘉年间的经学著作七十四家,共一百八十余种,三百六十册。始编于道光五年(1825),道光九年完成。咸丰七年(1857),于兵燹中损毁十之四五。咸丰九年,两广总督劳崇光集资补刊。后王先谦又辑《续皇清经解》,搜集乾嘉以后经学之名著,并及此前《皇清经解》所遗漏者。就此,清代学者解经之作,已大率荟具。

洪秀全(1814—1864) 原名火秀,又名仁坤,广东花县人。早年读书应试,但屡试不第,遂绝意科第。道光二十三年(1843),从《劝世良言》中吸取部分基督教教义,创立拜上帝会。次年春,与冯云山赴广州各县及广西贵县等地传教。十月返乡,撰写《原道醒世训》、《原道救世歌》等著作,提出"天下一家,共享太平"的理想和奋斗目标。二十七年,赴广西桂平紫金山,会同冯云山制订拜上帝会仪式和十条天款。次年,撰写《原道觉世训》。三十年十二月初十日(1851年1月11日),领导

		传教的第一位传教士**裨治文**自纽约抵达广州。
1830	道光十年	正月二十日,以两淮盐务弊坏已极,命湖广、河南、江西、江南督抚严查私盐。
1830	道光十年	二月初八日,命河南巡抚**杨国桢**严缉"捻匪"。

发动金田起义。此后,领导太平天国运动凡十余年。同治三年四月二十七日(1864年6月1日),太平天国运动失败前夕病逝于天京(今南京)。

喀什噶尔违禁易茶惩处条例 清廷有关对喀什噶尔地区违禁易茶商人如何具体定罪的条例。该条例规定:凡商人携带引茶在喀什噶尔地方与私越进卡之布鲁特等易换货物,除买卖违禁军器实犯死罪外,俱发边远充军;如系私茶,发烟瘴地方充军。知情容留之歇家,说合之牙保,与本犯同罪,货物入官。如商人携货私越卡外,及越卡进内地交易之布鲁特,仍从重发云贵两广烟瘴地方充军。

裨治文(Elijah Coleman Bridgman, 1801－1861) 美国传教士。来到中国后,于道光十二年(1832)创办并主编《中国丛报》(Chinese Repository),向美英等国介绍有关中国的情报。主张以武力打开中国国门,攫取治外法权。鸦片战争以后,多次任美国驻华公使的翻译兼秘书,是19世纪四五十年代几任公使的重要助手之一。参与订立《中美望厦条约》和《中美天津条约》。后调往上海,1857至1859年(咸丰七至九年)间,担任上海亚洲

1830	道光十年	三月初五日,从李鸿宾奏请,嗣后减各国夷船进口规银十分之二。
1830	道光十年	四月二十二日,以江西**南赣**地区民情犷悍,刑案出,命嗣后有拜会、抢劫、讹诈等案,拟罪加一等惩处。
1830	道光十年	四月二十二日,命将贩卖鸦片之邓八,枷号正月,发配近边充军。
1830	道光十年	四月二十九日,因各省关税多征不足额,谕令**更改榷关奖惩例**。

文会会长。死于上海。

杨国桢(1782－1849) 字海梁,四川崇庆人。名将杨遇春子。以举人入赀为户部郎中,出任颍州知府,累擢河南布政使。以其父平定回疆推恩擢巡抚。历任河南、山西两省,有一定官声。道光二十一年(1841),擢闽浙总督,寻以腿疾归乡,在籍食俸。数年后卒。

南赣 江西南部南安和赣州两府的合称。明弘治十年(1497),曾置南赣巡抚,驻赣州。辖境屡有增减。嘉靖四十年(1556),定制,辖今赣南、粤北、湘南、闽西四省交界地带。清初因明制。康熙三年(1664,一作四年)永废。后南赣一般多指江西南安、赣州地区。

更改榷关奖惩例 清廷因各省关税每多征不足额而修定有关榷关官员奖惩的条例。主要内容是:除历系有赢无绌各关无庸置议外,其历年缺额及间有缺额各关,各按应征盈余银数,以六成作为额内盈余。遇有短少,着落

1830	道光十年	四、五月间，直隶、河南之磁州、安阳等地相继发生地震，予赈恤有差。
1830	道光十年	五月初八日，命裁减州县差役。
1830	道光十年	五月二十二日，《平定回疆剿擒逆裔方略》书成。
1830	道光十年	六月十七日，谕准李鸿宾等遵旨议定《查禁纹银出洋鸦片入口章程》。

赔缴。仍按额内盈余短少分数，照旧例议处。以四成作为额外盈余，遇有短少，著落赔缴，免其处分。如应征盈余足额之外，复有溢收，亦按其分数，给予议叙。

平定回疆剿擒逆裔方略 清纪事本末类史书名。八十卷，道光九年（1829），曹振镛等奉敕编纂，次年成书。清自康熙朝开始，为宣示战绩、炫耀武功，每当一次战争结束，都要由专门的机构纂书，记录其战争的过程，称为"方略"或"纪略"。该书即为清众多"方略"中一种。它以编年体的方式，较为详细地记载了嘉庆末年至道光七年张格尔煽动回众进行叛乱和清廷调兵遣将平定叛乱并最终擒获张格尔的始末。有武英殿刊本。

查禁纹银出洋鸦片入口章程 由两广总督李鸿宾等奉谕旨拟订。主要内容如下：（一）严禁行商铺户将纹银卖给外商，违者治罪；（二）令严查进出口洋船有无运销鸦片和运载纹银，若不实力巡查，甚或包庇放纵，用律严

1830	道光十年	六月十七日，从李鸿宾请，添建广东东莞县大角山炮台。
1830	道光十年	六月二十四日，命各直省督抚妥议严禁种卖鸦片章程。
1830	道光十年	七月初九日，喀什噶尔参赞大臣札隆阿等奏，白帽回（**白山派**）妄言倡众，以迎奉**玉素普**为词，蓄意谋变。
1830	道光十年	八月初十日，玉素普勾结安集延回人入卡内犯，相继围攻喀什噶尔、英吉沙尔等城。喀

究；（三）内河拿获鸦片与外洋拿获纹洋，必究明根源，失察者治罪或议处；（四）责成行商、通事、买办亦随时查察，知而不报者斥革究治；（五）凡获鸦片案，须根究有关衙门书役兵差，若有责任，与贩卖人一体治罪；（六）责成内地各省关卡严格搜查，并严究有关责任人。该章程的出台，标志着清政府对鸦片开始由"外禁"转向"内禁"。

白山派 俗称"白帽回"，回教教派之一。相传玛哈图木阿朵木和卓于16世纪东来传播伊斯兰教。17世纪时，其后裔为争夺权力，分成两派：长子玛木特伊敏的信徒多为阿图什北白山的柯尔克孜人，称"白山派"；次子伊斯哈克瓦里的信徒多为汗·阿里克（今叶城）黑山的柯尔克孜人，称"黑山派"。其后两派曾长期互相争斗，直到20世纪初，界限始逐渐泯灭。两派均渊源于苏菲派的神秘主义，教义上分歧不大，仅在礼仪和形式上有所不同：白山派教徒头戴白帽，礼拜

		什噶尔帮办大臣**塔斯哈**战死。
1830	道光十年	九月初四日,授杨遇春为钦差大臣,赴回疆平定回乱。
1830	道光十年	九月十二日,命长龄为钦差大臣,驰赴回疆督办军务。
1830	道光十年	十月初七日,清军击败来自叶尔羌东北之叛回。
1830	道光十年	十月十一日,仍授长龄为扬威将军,命**哈哴阿**、杨芳参赞军务。

时默诵经文,黑山派教徒头戴黑帽,高声朗读经文。

玉素普(约1789－1836) 新疆喀什噶尔人,维吾尔族。全名迈玛特玉素普。伊斯兰教白山派大和卓木博罗尼都之长孙,张格尔之兄。道光十年(1830),受浩罕汗之怂恿,纠结布鲁特、安集延数千教众进犯,围攻喀什噶尔、英吉沙尔、叶尔羌等城,遭当地兵民坚决抵抗。旋清廷派大军往剿,浩罕撤兵,玉素普亦败走。史称玉素普之乱。后卒于浩罕。

塔斯哈(？－1830) 瓜尔佳氏,满洲正白旗人。大学士荣禄之祖。

哈哴阿(？－1849) 瓜尔佳氏,满洲正黄旗人。初为世袭云骑尉,过继为伯父额勒登保之嗣,袭一等成勇侯。嘉庆十八年(1813),从剿滑县教匪有功,赐号"继勇巴图鲁"。累官至护军前锋统领、镶红旗蒙古都统、领侍卫内大臣。道光六年(1826),出任领队大臣,率骑

1830	道光十年	十一月初五日,参赞大臣杨芳抵达阿克苏。
1830	道光十年	十一月十三日,定《稽查核对捐纳册稿章程》。
1830	道光十年	十一月十四日,**哈丰阿**等率援军解喀什噶尔、英吉沙尔围,并追剿余匪。至是,回疆之乱再次平定。

兵征讨张格尔叛乱。继为参赞大臣,措置善后事宜。鸦片战争爆发,先后驻防山海关;充参赞大臣,从奕经赴浙江参战。二十五年,以病致仕。

稽查核对捐纳册稿章程 清廷为加强对捐纳的控制,以防捐生假照之弊而制订的章程。该章程规定:嗣后,在京各衙门接到户部知照捐生文书,即将捐生姓名开载册档,每月汇总所收文书,送户部核对一次。各旗省接到知照捐生文书,即照原文开造人名、银数清册,仍按卯造具身家清白册结,依限送部。户部核对明确,具稿存案。每卯出榜晓示捐生。各旗、各省捐生执照,由该部行知各旗省有关官员,亲至户部,会同捐纳房司员,当堂投名点交领取,分给捐生。

哈丰阿(?—1840) 富察氏,满洲镶黄旗人。嘉庆初年,以健锐营前锋参加川陕楚白莲教之役。历副将、总兵至乌鲁木齐提督,广州、黑龙江、西安将军,内大臣。道光十年(1830),赴阿克苏参与征讨回疆之乱,屡破敌建功,赐号"进勇巴图鲁",封云骑尉世职。在广州将军任内,曾疏请铸巨炮百门,选精锐

1831	道光十年	以广东**三点会**众蔓延勒索,命李鸿宾等查办。
1831	道光十年	十二月十八日,定《**严禁内地种卖鸦片章程**》。
1831	道光十年	十二月二十一日,以两淮**官引**滞销,盐务疲敝,裁撤两淮盐政,盐务改归两江总督管理。

五百人,严守望以重海防。

三点会 清天地会系统的秘密会社。嘉庆年间,会昌人周达滨始创于江西。因天地会名目犯禁,故将洪字偏旁三点作为会名。该会指诀、暗号、结会仪式均同天地会。嘉庆十一年(1806),周达滨被捕,但三点会却由江西蔓延至两广、福建和云南等地,入会者日众。光绪年间,该会曾于广东、云南等地发动过武装斗争。至辛亥革命期间,已成为南方天地会系统的重要组织。

严禁内地种卖鸦片章程 清廷为防止内地鸦片进一步盛行而采取的措施。该章程规定:凡有种卖煎熬鸦片烟者,照兴贩鸦片之例,首犯发近边充军,从犯杖一百,徒三年。地保受贿放纵者,照首犯一体治罪。赃重者,计赃以枉法从重论。虽未受贿,知情容隐者,照从犯例问拟。所种烟苗拔毁,田地入官。地方官实力稽查,令保甲开具无私种鸦片印结,各督抚于每年具奏编查保甲折内奏闻。

官引 即盐引,由于盐引由官方发给,故名。盐引是盐商纳课、支盐、运销之凭证,亦是政府和盐商垄断食盐产销之依据。由户

1831	道光十一年	正月初四日，以该年为道光帝五旬寿辰，著于本年八月举行**恩科**乡试，来年三月举行恩科会试。
1831	道光十一年	正月十四日，定平定回疆之乱进兵迟缓、贻误军机诸将罪。**容安**处斩监候，长清等人亦惩处有差。
1831	道光十一年	二月初八日，长龄奏，上年回疆起事根由，系驱逐安集延人，并查抄家财，断离眷口，禁止茶叶大黄贸易所致。
1831	道光十一年	二月十二日，以那彦成办理回疆善后事宜错谬，启衅误国，革职。
1831	道光十一年	二月十五日，申禁各直省种植、贩卖鸦片。

部宝泉局用铜版统一印刷，各地盐务官员或转运使赴部领取，再发引、收课于盐商。盐商纳课领引后，凭引买盐赴指定之引地（专卖区）行销，销盐毕，将残引上缴官府，查验注销。引有大、小之分，大引可行盐二千数百斤，小引数百斤不等。此外名目还极繁多，有水引、陆引、正引、余引、肩引、住引、纲引、食引等等。

恩科 科举名词。清代科举每三年举行一次乡试和会试，谓之正科。有时新皇帝即位或遇到皇室庆典，临时增加一科考试，称作恩科。若恩科与正科合并举行，称为恩正并科，按两科累加名额录取，取中人数较一般正科为多。

容安 章佳氏，满洲正白旗人，

1831	道光十一年	二月二十二日,道光亲临阅看于西陵界内新选定的万年吉地,甚为合意,命名为龙泉峪。并谕令将来建设,一切俱从简约。
1831	道光十一年	三月初七日,李鸿宾奏闻广东崖州黎民作乱,谕令征剿。
1831	道光十一年	三月初九日,以广东夷商日增桀骜,英吉利动违禁令,令巡抚**朱桂桢**严查。
1831	道光十一年	三月十七日,以广东天地会等会党聚众抢劫,地方官隐匿不报,命李鸿宾等严密查办。
1831	道光十一年	三月二十九日,重修《康熙字典》成。

大学士那彦成子。荫户部主事,袭子爵。历侍卫、副都统。从长龄征回疆有功,历伊犁参赞大臣。回乱再起,容安率兵赴援阿克苏,迁延不进,致喀、英二城围久不解,褫职逮治,谳大辟。寻以二城未失,从宽改监候,罚缴和阗军需,贷死戍吉林。父丧,释还,数年后卒。

朱桂桢(1768-1839) 字干臣,江苏上元(今南京)人。嘉庆四年(1799)进士,授吏部主事,累擢郎中,迁御史。二十一年,出为贵州镇远知府。在任三年,教民纺织,开仓赈济,敉平盗乱,官声颇佳。后擢陕西潼商道,历浙江按察使,甘肃、山东布政使。道光中,先后出任山西巡抚,吏部、仓场侍郎,漕运总督和广东巡抚。整顿漕务,力除

1831	道光十一年	四月初一日，李鸿宾等颁定《**防范来粤夷人章程**》。
1831	道光十一年	四月二十八日，李鸿宾奏闻广东黎乱平息。
1831	道光十一年	五月十七日，命长龄赴喀什噶尔商办剿抚善后事宜。
1831	道光十一年	五月二十五日，据奏，广东虎门外洋面有囤积鸦片之洋船，谕令李鸿宾等确实查核，务使烟土不能私入，洋面不能私售。
1831	道光十一年	六月初九日，道光第四子奕詝生，是为日后之咸丰帝。
1831	道光十一年	六月十六日，定《**买食鸦片惩处例**》。

积弊；却广东洋行陋规，依法办事，亦均有建树。道光十三年（1833），以病致仕回籍。

防范来粤夷人章程 清廷针对英国人在华屡屡发生越轨行为而制订的全面管制来华外商的章程。共计八条：（一）外国进口商船由清兵稽查，居住商馆之外商，令行商约束；（二）禁止外商私带"番妇"住馆，及在省乘坐肩舆；（三）责成关口严禁"夷人偷运枪炮至省"；（四）外商雇请民人服杂役，可稍有变通，但须由该管买办行商稽查管束；（五）外商具禀事务应将禀词交总商或保商代递，不准擅至城门自投；（六）每年交易完毕，有无商欠须赴粤海关备案；（七）外商一俟货销事竣，应即行随船回国或往澳门居住；（八）英吉

1831	道光十一年	六月十八日，因湖面西风狂猛，洪泽湖马棚湾和十四堡两处决口，致高邮、桃源、甘泉等州县泛滥成灾，四面水围。
1831	道光十一年	六月二十六日，谕令云南严禁种植罂粟。
1831	道光十一年	七月二十三日，长龄奏准**回疆善后事宜**。
1831	道光十一年	八月初一日，谕令各督抚，慎选州县，查办赈灾，并缉拿会匪。
1831	道光十一年	八月二十四日，洪泽湖十四堡漫口合龙。
1831	道光十一年	八月二十九日，以浙江米价昂贵，命暂弛海禁，招贩台（湾）米。

利船户，均应遵守定制。

买食鸦片惩处例 清廷进一步对鸦片实行"内禁"政策所采取的措施。该条例规定：凡买食鸦片者，杖一百，枷号两个月，仍令指出贩卖之人。不指出者，照贩卖从犯例，杖一百，徒三年。职官及在官人役买食者，俱加一等治罪。各省督抚及道府州县官每年出具署内无买食鸦片烟甘结，年终汇奏一次。如本官徇隐不究，从严参处。

回疆善后事宜 道光八年（1828），因那彦成办理回疆善后事宜不善，致再启回乱。至是，长龄再次奉旨办理善后，为道光批准。其主要内容为：总理回疆八城的喀什噶尔参赞大臣移驻叶尔羌，喀什噶尔除原有的帮办大臣外，再留换防总兵一员，

1831	道光十一年	九月二十九日，长龄奏准**回疆兵屯之法**。
1831	道光十一年	十月初一日，命四川总督**鄂山**参办嗜食鸦片至官员及各衙门官亲、幕友、长随、书役等员，并查拿私带栽种者。
1831	道光十一年	十月二十九日，惩处吸食鸦片之掌仪司太监张进幅等八人。
1831	道光十一年	十一月二十四日，准与浩罕通好，茶叶、大

统兵驻守。增加满汉防兵数额，在西四城原有兵额六千名的基础上，再增留伊犁、乌鲁木齐马队二千名，陕甘绿营兵四千名。对茶叶、大黄等物，准予弛禁。

回疆兵屯之法 该法规定：先将西四城可种之闲地，招民开垦，并准许携带眷属。回民地亩亦不禁民人租种。携眷垦种民人安居后，有愿入伍者，准其充食名粮。收一眷兵，即抵撤一换防兵额。其久戍防兵，愿徙眷安家者，亦听其便。该法意在屯垦节省军需，即所谓以回疆物产，供回疆兵粮。实际上也对回疆开发起到了推动作用。

鄂山（1770－1838） 字润泉，蒙古族，博尔济吉特氏，满洲正蓝旗人。嘉庆进士。历官知府、按察使、布政使。道光五年（1825），擢陕西巡抚，寻署陕甘总督。六年，张格尔兴回疆之乱，清大兵进剿，受命筹备军需、粮饷。事平，以办理得宜，赏头品顶带。十年，擢四川总督。任内严格鸦片之禁，征讨少数民族起事，多有政绩。后擢刑部尚书。

票盐法 清中后期在部分地区实行的食盐运销制度。始于明中

		黄均准予贸易,并免其货税,前抄没安集延人货物亦发还。
1832	道光十一年	十二月二十二日,从两江总督陶澍之请,准于淮北盐引滞销口岸行**票盐法**。
1832	道光十一年	十二月二十九日,湖南永州江华县瑶民**赵金龙**率众起事。
1831	道光十一年	是年,**方东树《汉学商兑》**刊行。

叶。道光十一年(1831),陶澍奏准,试行于淮北,此后淮南、两浙、福建等地相继仿行。该法与原来引盐法都为民产商收商运商销制,不同的是,原来的盐商世袭,票法认票不认商。其具体办法是:由转运司印刷三联票,一留存根,一存分司,一给民贩行运。每票可运盐十引(每引百斤)。于各场区适中地方设局收税,无论何人,只要照章纳税,即可领票运销,但行销只准在指定的口岸。同治以后,此法有所改变,盐票渐为大商垄断,票法遂渐成变相纲引法。

赵金龙(?－1832) 湖南江华人,瑶族。道光十一年十二月(1832年1月),与赵福才等以巫术聚众,密谋反清,旋率湘、粤瑶民六七百人于江华锦田镇起事,以头裹红巾为号,自称金龙大王,改元金龙元年。进而率部进入蓝山、宁远等地展开斗争,势力大增。次年,击毙湖南提督海凌阿、副将马韬等于蓝山,声威大振。复转战于宁远、常宁、桂阳、新田一带。道光十二年(1832)三月,被湖北提督罗思举围困于常宁洋泉镇,中枪身亡。

方东树(1772－1851) 字植

1831	道光十一年	是年,著名医学家**王清任**病逝。
1832	道光十二年	正月初十日,赵金龙部众达千余人,永州总兵鲍友知抵江华查办。
1832	道光十二年	正月二十六日,英船阿美士德号(Lord

之,号仪卫,安徽桐城人。诸生。承家学,师事姚鼐。中年研究义理,最服膺朱熹之学。时汉学炽盛,其排斥汉学不遗余力,著《汉学商兑》。阮元任粤督时,辟学海堂,名流辐凑,东树亦客其所,不苟同于众。晚年耽于佛学,穷究浮屠老子之书。另著有《书林扬觯》、《大意尊闻》、《向果微言》、《昭昧詹言》、《仪卫轩集》等。

汉学商兑 书名,方东树撰,三卷。乾嘉时期,宋学与汉学对立,汉学日盛,东树遂著是书以抨击汉学。该书摘录汉学名家阎若璩、胡渭、惠栋、戴震、钱大昕、焦循、江藩等人之言论,一一加以辩驳,指责汉学家蔽甚识陋、破碎穿凿、害道误国。持论较偏,门户之见甚深。梁启超评论称:"为宋学辩护,固多迂旧,其针砭汉学家处,却多切中其病。"

王清任(1788-1831) 字勋臣,河北玉田县人。武庠生。二十岁左右开始行医,嗣后在北京行医四十年。注重实践,有革新精神。强调医生了解人体脏腑的重要性,敢于对古代医籍的某些论述提出质疑。并亲身到义冢和刑场等地实地观察尸体内脏,前后历十二年,写成《医林改错》一书。纠正了古人关于脏腑记述的一些错误,并提出一些新见解。创立了一些有实用价值的方剂。在中国医学史上特别是解剖

		Amherst）由**胡夏米**率领自广东北驶，调查北方商务情形，**郭士力**同行。
1832	道光十二年	正月二十九日，定例，嗣后凡**白阳教**、白莲教、八卦教、**红阳教**等之教首，无论情形轻重，遇赦不赦。

学史上具有重要地位。

胡夏米（Hugh Hamilton Lindsay, 1802－1881） 英国人，又名林德赛、礼士。英国东印度公司广东商馆职员。1832年（道光十二年），代表东印度公司偕郭士力领阿美士德号船到中国沿海航行，搜集关于中国的政治、经济、军事情报。1835年7月，以私人信件的方式向英国外交大臣巴麦尊献策，竭力怂恿英国政府以武力打开中国门户。著有《阿美士德号货船来华经过》、《与巴麦尊勋爵论中英关系书》、《对华战争是正义战争吗？》等。

郭士力（Karl Friedrich August Gützlaff, 1803－1851） 德国传教士，又译郭实腊、郭施拉。1831年（道光十一年），到中国，在上海等地贩卖鸦片。次年，与胡夏米乘阿美士德号船到中国沿海航行，搜集关于中国的政治、经济、军事情报。力主用武力打开中国国门。1834年，任英国驻华商务监督处翻译。鸦片战争期间，任英军翻译兼情报官。并任舟山和镇江的临时民政长官。参与中英《南京条约》的签订。后任香港英当局汉文正使，死于任。著有《中国史略》、《道光皇帝传》等。

白阳教 清民间宗教之一。道光年间，由王法中始创。王曾从河南涉县人申老叙习教，受习《荣华经》、《未来星斗图》、《河图》、《洛书》等书。创立"旗

1832—1832		
1832	道光十二年	二月初五日,定《遏止鸦片来源章程》。
1832	道光十二年	二月初五日,广东连山八排瑶民为响应赵金龙起事。
1832	道光十二年	二月十四日,赵金龙败清军于蓝山池塘墟,湖南提督海凌阿等战死。

门即佛门"之说,初在北京传教,信徒多为旗人。后流传于河南、河北和山东等地。

红阳教 即弘阳教,又称宏阳教、混元教、混沌教等。民间宗教之一。明万历二十二年(1594),山西洪洞人高阳(称飘高祖)创立于北京。曾得宫廷太监的资助。宣传"三阳劫变"思想,认为"现在释迦佛掌教,为红阳教主。过去是青阳,现在是红阳,未来才是白阳"。高阳之后,河北曲周人韩大湖称飘高祖,继续传教,在直隶、山东、山西等地颇为活跃。入清以后,由于官府的严厉打击,活动趋于隐蔽。嘉庆中,曾参与川陕楚白莲教起义和林清起义。屡遭严厉打击,但在民间仍顽强延续至今。

遏止鸦片来源章程 清廷针对鸦片走私入境现象日趋严重而制订的章程。该章程规定:嗣后洋人来粤贸易,务必出示晓谕禁止鸦片入口之禁令,并严饬洋商向洋人开导,不得在货舱中夹带烟土。倘经查出,不准该商开舱贸易,立即逐回。货船以外,不许另设船只开展贸易。申禁广东省河走私快艇及潮、琼各属商船等,靠近伶仃洋面。同时,直隶、闽浙等省督抚须严饬各海口地方官,认真查验各出洋贸易船只,以防偷贩鸦片。

海凌阿(?—1832) 舒穆鲁

1832	道光十二年	三月初二日,令贵州提督**余步云**调补湖南提督,迅赴江华县军营,与总督卢坤、湖北提督罗思举会同筹办进剿事宜。
1832	道光十二年	三月二十一日,美人裨治文主编之《**中国丛报**》出版。

氏,满洲镶黄旗人。嘉庆间,由健锐营前锋累擢参将。道光中,累官至湖南提督。道光十二年(1832),在镇压江华县瑶民赵金龙起事中战死。

余步云(？－1842) 字紫松,四川广安人。嘉庆中,以乡勇参加镇压川陕楚白莲教之役,升游击,累擢重庆镇总兵。道光七年(1827),从征回疆,偕杨芳克复和阗,擢贵州提督,历调四川、湖南、福建等省提督。二十年,奉命率师增援定海,调任浙江提督。次年,驻防镇海。其虽号宿将,实庸懦巧猾,先是英军再犯定海,不予应援,再于守卫镇海、宁波战斗中,两次不战而逃,对浙东战事的连连失利负有一定责任。二十二年,褫职逮京,被处弃市。是第一次鸦片战争中,唯一被处以极刑之二品以上大员。

中国丛报(Chinese Repository) 美国传教士裨治文创办的英文期刊。原名Chinese Repository,本无中文译名,时称《澳门月报》,后称《中国丛报》和《中国文库》。季刊。道光十二年(1832),创刊,咸丰元年(1851)底,停刊,因常脱期,仅出二十本。除1939年几期系在澳门出版外,其余均在广州编辑出版。主要刊载有关中国社会、政治、经济、地理、文化、语

1832	道光十二年	三月二十三日，命户部尚书**禧恩**驰赴湖南剿办瑶乱。
1832	道光十二年	四月初六日，广东连山瑶乱扩大。
1832	道光十二年	四月初六日至十六日，罗思举大败赵金龙所率瑶众于常宁羊泉。
1832	道光十二年	四月十一日，以户部奏今年库帑出多入少，谕令各**藩司**务须撙节，并认真督催历年积欠。
1832	道光十二年	四月二十五日，赐**吴钟骏**等二百零六人进士及第出身有差。

言、文字以及风土民情等方面的文章，报导并评论有关中国的时事、中英关系及外国人在华活动等，同时也译载清帝上谕、大臣奏折等重要文件。主要在南洋、广州、澳门等地发行。

禧恩（？－1852） 字仲蕃，爱新觉罗氏，宗室，隶满洲正蓝旗，睿亲王淳颖子。嘉庆六年（1801），授头等侍卫，累擢至户部侍郎。嘉庆帝暴卒于热河，力主绵宁当即继位，得宠于道光帝。历任理藩院及户、兵、礼各部尚书，盛京将军，协办大学士等职。道光十二年（1832），督师征剿湖南、广东等地苗民起义，以功封不入八分辅国公。鸦片战争中，主张与敌陆战，并疏陈善后十事，并巡洋章程。此后，屡有升降，终卒于户部尚书，协办大学士任上。

藩司 官名。承宣布政使司布政使，简称布政使之别称，尊称藩台、方伯。明始置，为一省

1832	道光十二年	四月二十六日，赵金龙战死，湖南瑶乱平息。
1832	道光十二年	五月初十日，命各省督抚严拿会匪。
1832	道光十二年	李鸿宾到达连州，督剿瑶乱。
1832	道光十二年	五月十四日，从两江总督陶澍奏，定淮北试行票盐章程。
1832	道光十二年	广东提督刘荣庆进剿连山起事瑶众失利。
1832	道光十二年	六月初七日，以英船北驶浙闽，命闽浙总督**程祖洛**驱逐，严禁交接，不准就地贸易。

最高行政长官。清于总督、巡抚之下设布政使，掌一省之财政、民政，秩从二品。与按察使并称"两司"。每省设一人，惟江苏钱谷事繁，于乾隆时定制为江宁及苏州各一人。光绪二十五年（1899），定全国布政使二十人。

吴钟骏（1798－1853） 江苏吴县人，字崧甫，又字晴舫、吹声。道光十二年（1832）壬辰恩科状元。十四年，充福建乡试正考官。十五年，从湖南乡试正考官。十七年，充任福建学政。二十三年和二十九年，分别以内阁学士和礼部侍郎的身份两次充任浙江学政。后卒于福建学政任上。

程祖洛（？－1848） 安徽歙县人。嘉庆四年（1799）进士，授刑部主事，迁郎中。久之，擢任内阁学士，江西按察使，湖南、山东布政使等职。道光二年（1822），升任陕西巡抚，历官河南、江苏巡抚，工部侍郎，闽浙总督等。于勘察河南漳、卫河

1832	道光十二年	六月初八日，林则徐在苏州接任江苏巡抚，与陶澍同倡疏浚浏河、白卯河。
1832	道光十二年	六月初九日，命各省督抚整饬吏治民风，查禁会匪鸦片。
1832	道光十二年	六月二十五日，命严拿江西之**大乘教**、边钱会、天地会、千刀会等党徒。
1832	道光十二年	六月二十六日，广西贺县瑶民二千余人由**盘均华**率领图往湖南江华九冲滋事，为官兵平定。

务，开沟筑坝；疏浚虞城横河、惠民沟，夏邑巴清河等事务；查办浙江盐务；征讨台湾张丙起事，治办军需，办理善后；疏陈福建吏治，筹措沿海防务等，均有政绩。十六年，丁父忧去官，遂引疾不出。

大乘教 清民间宗教之一，又称无为教。康熙二十年（1681）间，由云南大理府太和县贡生张保太所创。其教劝人入教修行，吃斋念佛，烧香礼拜，将来可升天成佛，免除阴司受苦，并提倡三教合一，儒、道、佛并列。张保太奉弥勒，信仰龙华三会，著有《归元直指》、《母生三教》、《根本命脉》等经卷。清代各地的大乘教名称不一，江苏有龙华会、燃灯教、西来教等名称，四川称法船、铁船、瘟船三教。

盘均华（？－1832） 湖南宁远人，瑶族。后迁居江华、贺县和梧州等地，以种山为生。道光十二年（1832），因赵金龙起义，

1832	道光十二年	六月二十九日，命禧恩、**瑚松额**自湖南赴广东剿抚瑶乱。
1832	道光十二年	八月二十日，以平定广东连州瑶乱措置失当，两广总督李鸿宾著革职，以卢坤代之。
1832	道光十二年	八月二十日，河南祥符下**汛**三十二堡黄河大堤决口。
1832	道光十二年	八月二十一日，南河龙窝汛十三堡黄河大堤被桃源县民赵步堂等盗挖决口。
1832	道光十二年	八月二十七日，广东连州瑶乱平息。

官兵设卡，禁止山内外贸易，致使瑶民无以为生，盘均华便于贺县白竹、磨刀、古瓢等地起事，聚众二千余人，行军至芳林渡，遭官兵伏击而失败。后在江华被捕处死。

瑚松额（？—1847） 巴岳忒氏，满洲正黄旗人，西安驻防。嘉庆中，先后参与平定川陕楚白莲教、河南滑县天理教的战斗，屡有功，擢福州副都统，署福州将军。道光中，历任察哈尔都统、成都、吉林、盛京将军，四川、陕甘总督等职。曾调停西宁诺尔布和德尔格特土司关系，领兵征剿湖南、广东瑶乱，均有功，封一等轻车都尉世职。台湾张丙等作乱，授为钦差大臣赴剿。二十一年（1841），因病致仕。

汛 清基层河道官的衙署。由管理河防之州同、州判、县丞、主簿、巡检等官主之。设于河道厅之下。全国于直隶、河南、山东、江苏四省共设一百零八汛。

1832—1832

1832	道光十二年	八月二十七日，谕令严禁各省兵丁吸食鸦片，并命卢坤查明鸦片流入内地缘由。
1832	道光十二年	九月初四日，以英船驶入内洋，命沿海整饬水师。
1832	道光十二年	闰九月二十二日，台湾嘉义县天地会**张丙**等率众起事。
1832	道光十二年	十月初十日，台湾天地会众在凤山、台湾县起事。
1832	道光十二年	十月十二日，台湾天地会黄城等在彰化起事。
1832	道光十二年	十月二十五日，以英船北驶盛京，谕令沿海各督抚于该船过境，立即驱逐，不许停

诸官分汛驻守河防，各掌河之岁修、抢修及挑浚淤浅等工程。

张丙（？—1833） 祖籍福建南靖人，居台湾嘉义店仔口（今台南县白河镇）。卖鱼为业。道光十二年（1832），因通奸商诬陷劫米，遂聚众起事，率部袭击嘉义盐水港，杀死台湾知府。自称开国大元帅，建号天运。聚众达二三千人。旋在嘉义县到处焚抢，并分两路攻打嘉义县城，各地饥民纷纷响应，颇成声势。后战败被俘，解京磔死。

署 官制术语，署理之简称。清制，凡本官出缺暂时无员接替，或因各种原因暂离本职时，以其他品秩相当或相近的官员代理其职务，即署理。如总督、巡抚，

1832	道光十二年	泊交易。
1832	道光十二年	十月二十六日，命闽浙总督程祖洛迅速派得力将领，带兵渡台。
1832	道光十二年	十一月初六日，命署福州将军瑚松额为钦差大臣，都统哈啷阿为参赞大臣，驰赴台湾平定叛乱。
1833	道光十二年	十一月二十一日，皇六子奕䜣生。
1833	道光十二年	十二月初一日，四川**越嶲彝民起事**，并蔓延至清溪峨边。
1833	道光十二年	十二月初三日，提督**马济胜**平定台湾嘉义和彰化天地会叛乱。擒获张丙等人。

布政使、按察使等的印务可以互相署理，但需特旨批准。

四川越嶲彝民起事　道光间四川规模较大的少数民族起事。四川越嶲、清溪、峨边一带，彝汉杂处。先是，彝汉民之间为争夺耕地，关系紧张。而恰逢四川改土归流，一些土司之印信被缴，心怀不满。道光十二年十二月初一日（1833年1月21日），越嶲大树堡一带发生彝民滋事，土千户马林等人乘机聚众起事，附近彝民亦纷纷响应，迅速蔓延至清溪、峨边等地。清廷先后遣四川提督桂涵、四川总督那彦宝、续任四川提督杨芳督率大军进剿，历时半年余，始将三地彝乱全部平定。

马济胜（？—1836）　山东菏泽

1833-1833

1833	道光十二年	十二月初八日，马济胜再平台湾凤山叛乱。
1832	道光十二年	是年，著名学者**王念孙**逝世。
1833	道光十三年	正月二十日，以上年英胡夏米船接连驶至闽浙、江南、山东洋面，著沿海各省督抚严防外国船只侵入内洋。
1833	道光十三年	二月十八日，命**那彦宝**、**桂涵**前往四川越嶲等地平定彝乱。

人。以武生入伍，从征川、陕白莲教起义，积功累擢江苏抚标参将。嘉庆十八年（1813），参与平定山东天理教之乱，擢河北镇总兵。道光初，擢浙江提督，调福建陆路提督。道光十二年（1832），张丙等倡乱嘉义，率兵渡海赴援，对平定叛乱，居功甚巨，封二等男爵，再晋二等子爵，在御前侍卫上行走。十六年，卒于官。

王念孙（1744－1832）　字怀祖，号石臞，江苏高邮人。吏部尚书王安国之子。少从学戴震，于文字、声韵、训诂之学，尽得其传。乾隆四十年（1775）进士，累官吏科给事中。嘉庆四年（1799），仁宗亲政，首劾大学士和珅。后官至永定河道、山东运河道，著《导河议》上下篇，又奉旨撰《河源纪略》。道光六年（1826），以永定河溢，被劾罢归。后专意读书著述。学识渊博，尤精于校勘、训诂之学。著有《读书杂志》、《广雅疏证》、《广雅疏证补》、《群经字类》等。

那彦宝（约1760－1843）　章佳氏，满洲正白旗人，大学士阿桂孙。一作那彦保。乾隆五十

1833	道光十三年	四月初六日,以江浙两省钱贱银贵,商民交困,令两江总督陶澍筹议办法。
1833	道光十三年	四月二十五日,赐**汪鸣相**等二百二十人进士及第出身有差。
1833	道光十三年	四月二十九日,皇后佟佳氏病逝。
1833	道光十三年	四月三十日,清军攻克大峒。

年(1785),由文生员擢三等侍卫。嘉庆五年(1800),以父功特授正黄旗汉军副都统。后历官兵部侍郎、署云南巡抚、泰宁镇总兵、塔尔巴哈台参赞大臣、刑部及吏部侍郎等。多次奉命督理永定河、黄河河工。道光二年(1822),以办理河工不洁降级。不久再起,历任绥远城将军、成都将军。道光十三年(1833),以年老休致。十八年,又因失察挪移挂欠钱粮事被革职。

桂涵(?—1833) 四川东乡(今宣汉)人。少恃勇,横行乡里,亡命出走,继归,与罗思举同应募为乡勇。参与平定白莲教起义的战争,为德楞泰所赏识,转战川、陕、楚,屡立战功。嘉庆十一年(1806),以智勇一鼓平定绥定兵变,赐号健勇巴图鲁。十三年,升任川北镇总兵,十九年,用兵三才峡击败吴抓抓等于沔县。道光二年(1822),擢四川提督。十三年,讨越巂彝乱,连战皆捷。忽遘疾,卒于军。

汪鸣相(1794—1840) 字朗渠,号珏生,江西彭泽(今九江市)人。道光十三年(1833)癸巳科状元,授翰林院修撰。十四年,充顺天乡试同考官,次年,

1833	道光十三年	五月初七日，调任四川提督杨芳大破越巂起事彝众，进剿峨边彝乱。
1833	道光十三年	五月十二日，定《**纹银出洋禁例**》。
1833	道光十三年	五月二十九日，杨芳平定峨边彝民起事。
1833	道光十三年	六月初六日，谕令各级武将，非特殊情形，一律不准坐轿。
1833	道光十三年	六月十一日，为防止纹银出洋，定例，嗣后内地民人赴粤贸易，只准以货或洋钱易货，不准以纹银易货；夷商则只准以货或纹银易货，不准以洋钱易货。
1833	道光十三年	六月二十七日，四川越巂各彝头领分起投诚。

任广西乡试主考官。

纹银出洋禁例 由刑部奏定。该禁例规定：嗣后载纹银出洋一百两以上者，照偷运米谷一百石例，发近边充军。一百两以下者，杖一百，徒三年。不及十两者，杖一百，枷号一个月。从犯及知情不报之船户，各减一等问罪。

律芳卑（Baron William John Napier, 1786－1834） 英国贵族，上院议员，皇家海军大佐。1833年（道光十三年），英国政府取消东印度公司垄断中国贸易权后，设驻华商务监督，以其充任。由于此事未正式通知中国当局，翌年7月他到达中国，即就能否驻广州以及交往礼仪等问题与中国官员发生争执。由于双方

1833	道光十三年	七月二十二日，禁止民间仿造洋钱。
1833	道光十三年	七月二十三日，云南昆明等地地震。
1833	道光十三年	八月初五日，御史彭玉田奏，州县相验命案，滥差书役，差役往往百般需索，民不堪重累。
1833	道光十三年	九月初八日，以四川越巂等地彝乱一律肃清，晋封杨芳果勇侯。
1833	道光十三年	十月二十九日，英王任命**律劳卑**为驻华商务监督。
1833	道光十三年	是年，传教士在广州创办《**东西洋考每月统纪报**》，是为中国境内出版的第一份中文近代报刊。

各固执己见，不肯让步，致关系不断僵化。两广总督卢坤下令封舱，他便令两艘英舰驶入珠江，轰击虎门炮台，遭中国守军回击。律氏退回澳门，未几病死。

东西洋考每月统纪报 中国境内出版的第一份中文近代报刊，道光十三年（1833）在广州创刊，道光十七年停刊，共出版四卷。该报主要以中国人和海外华人为读者对象。由传教士主持，具有浓重的宗教色彩。主要宣传基督教，并宣扬中外友好，以消解中国人的猜忌。此外，也介绍一些西方的新知识，比如蒸气机、世界地理、英美政治和美国总统华盛顿（George Washington, 1732—1799）的生平等。该报发

1834–1834

1834	道光十四年	正月十四日，广东儋州黎民作乱，命粤督卢坤剿之。
1834	道光十四年	正月十八日，福建永安等土匪掳人勒赎，命捕治之。
1834	道光十四年	二月十三日，以江苏苏州、松江等府粮价增昂，免浒墅关商贩米税。翌日，又以湖北武昌、汉阳二县粮价增昂，免四川、湖南商米各关船税。
1834	道光十四年	三月十三日，**东印度公司**对华贸易特权正式终止。

行量较小，读者面和影响也相对不大。

东印度公司 欧洲资本主义国家在印度设立的殖民机构。16、17世纪，葡、英、荷、丹、法等国为发展东方贸易，先后在印度设立东印度公司。其中以成立于1600年（明万历二十八年）的英国东印度公司影响最大。自1760年（乾隆二十五年）起，它渐"由一个商业强权变成了一个军事的和政治的强权"，拥有陆海军舰队，对印度实行殖民统治，垄断对东方的贸易。初以纺织品和棉花与中国的丝茶进行贸易，18世纪中叶开始，不断增加非法的鸦片贸易。工业革命后，为适应"自由贸易"原则，对华贸易特权于1834年（道光十四年）终止。1858年（咸丰八年），该公司被裁撤。

黄爵滋（1793－1853） 字德成，号树斋，江西宜黄人。道光三年（1823）进士。初任言官，

1834	道光十四年	三月二十四日，禁京城粗米贩运出城。
1834	道光十四年	四月初二日，从**黄爵滋**奏，命各省兴复书院、查保甲、修水利、筹积贮，严禁扣饷，查究偷漏洋税，禁纹银出洋等。
1834	道光十四年	四月初九日，命修广东外海内河水师各营战船。
1834	道光十四年	五月二十二日，命卢坤将停泊在伶仃洋及大屿山等处之英国**趸船**设法驱逐，严密查拿**快蟹**。

以直谏负时望。十五年，擢鸿胪寺卿。十八年，上疏"请严塞漏卮以培国本"，力陈鸦片输入纹银外流的危害，提出"重治吸食"的禁烟主张。连擢大理寺少卿、通政使、礼部与刑部侍郎。鸦片战争期间，两次赴福建视察海防，奏《海防图表》及闽浙总督邓廷桢在厦门的抗英战况。力主加强战备，组织团练，以抗御英军入侵。著有《黄少司寇奏疏》、《仙屏书屋诗录》、《仙屏书屋文录》等。

趸船 平底匣形的非自航船。最常见的是固定在岸边供船停靠的"浮码头"，可供装卸货物及旅客上下船之用。每一千六百八十斤为一趸，约三百趸为一船，故名趸船。19世纪英国等西方国家为走私鸦片，于道光元年（1821）开始在伶仃洋面停泊储存鸦片的大型趸船，作为贩卖鸦片的中转站。船上驻有售货员和帐务员，贮存食品和淡水，配备

1834—1834

1834	道光十四年	六月初九日,新任英国驻华商务监督律劳卑抵达澳门。
1834	道光十四年	六月二十四日,粤督卢坤令律劳卑恪遵旧制,离广州,到澳门候旨。
1834	道光十四年	六月二十四日,英国传教士马礼逊病逝于澳门。
1834	道光十四年	七月初二日,饬查漕运亏短积弊。
1834	道光十四年	七月初十日,律劳卑致书英国外相,主张武力对华。
1834	道光十四年	七月十一日,以四川峨边支彝起事,命川督查办。
1834	道光十四年	七月二十九日,卢坤下令停止中英贸易,撤出英国商馆中的华人买办、工役等人员。
1834	道光十四年	八月初二日,卢坤派兵包围广州英国商馆,

大口径的舷炮,内有武器库,旁泊"护货"炮艇,俨然水上"浮动堡垒"。鸦片战争前,停泊伶仃洋面的趸船达二十二艘,上海开埠后,鸦片趸船开始云集吴淞口外。趸船在中国沿海存在达七十年之久。

快蟹 外国鸦片贩子专门包揽走私的武装快船。英文名为Smugboat,中文称快蟹,或扒龙、快鞋。该船张三帆,左右快桨五六十。炮械毕具,两旁设铁丝网以御炮火。航速极快,"往来如飞,呼为插翼"。每当鸦片

		断绝交通。
1834	道光十四年	八月初四日,以粤东沿海地区械斗成风,定《**惩处鸟枪手律**》。
1834	道光十四年	八月初五日,英兵船二只闯入广东内河,轰击炮台。
1834	道光十四年	八月初七日,英兵船过大虎口炮台。
1834	道光十四年	八月初九日,英兵船抵黄埔。
1834	道光十四年	八月十二日,律劳卑通知英商,愿退回澳门,以免商务久停。
1834	道光十四年	八月十九日,律劳卑和英兵船离开广州,返回澳门。
1834	道光十四年	八月二十七日,卢坤解除封舱禁令,广州恢复中英贸易。

运至趸船后,皆由此船分装运至沿海各窑口。白昼公行,肆无忌惮,所过关津,均予重贿。倘遇巡丁追捕,则施放枪炮抗拒脱逃。据估计,鸦片战争前,此种船约有一二百只。

惩处鸟枪手律 清廷针对粤东沿海地区械斗成风,鸟枪手往往受雇于人在械斗中充任打手现象而制订的律令。该律规定:鸟枪手伤人及毙人命者,仍照本例定拟。其虽未伤人,但经帮殴者,即于定例自号教师,演弄拳棒,满流罪上加一等,杖一百,发附

1834-1834

1834	道光十四年	八月二十八日,瑚松额奏闻,峨边支彝敉平。
1834	道光十四年	九月初二日,英兵船闯入内河,著**关天培**任广东提督,两广总督卢坤革职留任。
1834	道光十四年	九月初九日,律劳卑病死于澳门,**德庇时**继任商务监督。

近充军。虽未帮殴而学习鸟枪手已成,即照教师例,杖一百,流三千里。

关天培(1781-1841) 字滋圃,江苏山阳(今淮安)人。由行伍升太湖营水师副将。道光七年(1827),擢苏松镇总兵。十三年,署江南提督。十四年,出任广东水师提督,先后协同邓廷桢与林则徐查禁鸦片,修筑炮台,训练水师。多次击退英国侵略军进攻,赐号"法福灵阿巴图鲁"。二十一年,英军再次进攻,坚守虎门靖远炮台,孤军奋战,身受重伤仍战斗不止,终与四百余名将士壮烈战死。著有《筹海初集》。

德庇时(Sir John Francis Davis,1795-1890) 英国外交官,汉学家。1816年(嘉庆二十一年),随阿美士德使团到北京,任汉文正使。1832年(道光十二年),任东印度公司广州特派委员会主席。两年后,继任英国驻华商务监督,旋辞职回国。1844年,任英驻华公使、商务正监督,并任香港总督兼总司令。1847年,率英舰偷袭虎门,以武力迫使粤督耆英允英人入广州城。著有《中国诗歌论》、《中国人:中华帝国及其居民概述》等书,并译有几部中国戏剧和小说。

1834	道光十四年	十月十八日，册立**皇贵妃钮祜禄氏**为皇后。
1834	道光十四年	十一月初九日，广州英商奏请英王，派遣全权大臣率军东来，直接与北京政府交涉。
1834	道光十四年	十一月二十四日，著名学者、工部尚书**王引之**病逝。

皇贵妃 清代皇帝妾侍之称号。康熙以后，定为后宫名位。位次在皇后之下，贵妃之上。册封时赐金册金宝，出入用仪仗，使用宫女八人。

钮祜禄氏（1808－1840） 宣宗皇后，清文宗咸丰之生母。二等侍卫、一等男颐龄女。后事宣宗，册全嫔，累进全贵妃。道光十三年（1833），晋皇贵妃，摄六宫事。次年，立为皇后。二十年崩。宣宗亲定谥曰孝全皇后，葬龙泉峪。咸丰初，上谥孝全成皇后。光绪间加谥曰：孝全慈敬宽仁端悫安惠诚敏符天笃圣成皇后。另育二女：一殇，一下嫁德穆楚克扎布。

王引之（1766－1834） 字伯申，号曼卿，江苏高邮人，王念孙之子。嘉庆四年（1799），一甲进士。累官至工部尚书。治学以父为师，深于名物考证，校勘训诂。为学力主通核，不尚墨守。与其父齐名，并称"高邮二王"。治学撰述中，父子常相讨论，互为证发。以《经义述闻》、《经传释词》为其代表作，于纠正历代学者有关经传训诂之误说，考订古文虚词等，多发前人所未发，颇有建树。另著有《春秋名字解诂》、《王文简公文集》等。

1835	道光十四年	十二月二十一日，**罗宾臣**代德庇时为英国驻华商务监督。
1835	道光十四年	十二月二十四日，云贵总督阮元奏定《**流民租种苗田章程**》。
1835	道光十四年	十二月二十六日，因峨边支彝复叛，降杨芳职衔，以总兵候补。
1835	道光十五年	正月初四日，军机大臣、大学士**曹振镛**病逝。

罗宾臣（Sir George Best Robinson） 英国人，爵士。英国东印度公司职员。1833年（道光十三年）来华，任驻华商务监督署第三监督，1834年，继德庇时为驻华商务监督。

流民租种苗田章程 清廷为防止激化苗汉民族矛盾，加强对苗境的统治而制订的章程。道光十四年十二月（1835年1月），由阮元等拟奏。主要内容有：（一）严禁外省流民私佃苗田；（二）客户勾引流民，续入苗寨者，严行究办；（三）近苗客户，不得继续当买苗田；（四）续来流民，宜预为盘诘，稽查游棍，以安苗境。

曹振镛（1755－1835） 字俪笙，安徽歙县人。尚书曹文埴子。乾隆四十六年（1781）进士，乾隆末，累迁侍读学士。嘉庆十一年（1806），擢工部尚书，十八年，拜大学士。道光继位，授军机大臣，深得倚任。其小心谨慎，一守文法，深染官场揣摩、模棱习气，位极人臣。三为学政，典乡会试者各四。然衡文惟遵功令，不重才华，并严于

1835	道光十五年	正月初五日,英国外相威灵顿训令律劳卑仍和平处理。
1835	道光十五年	正月二十七日,广州英美传教士在广州创设"**马礼逊教育会**"。
1835	道光十五年	二月二十三日,朝鲜国王世孙李奂表请袭封,并贡方物,许之。
1835	道光十五年	三月初四日,山西赵城县**先天教**曹顺起事,杀死知县杨延亮。

疵累忌讳,遂成风气。曾充《会典》、两朝《实录》、《全唐文》等书总裁。

威灵顿(Arthur Wellesley Wellington, 1769—1852) 英国将领、政治家。军人出身,曾于1797至1805年间(嘉庆二至十年),在印度从事侵略活动。是1815年与法国的滑铁卢战役中的主要将领,有"铁公爵"之称。后相继出任首相(1828—1830)、外交大臣(1834—1835)和不管大臣(1841—1846)。

马礼逊教育会(Morrison Education Society) 马礼逊去世后,在华西方传教士为纪念他,于道光十五正月二十七日(1835年2月24日)在广州创设。该会以建立和资助学校,传播西学,推广西式教育为宗旨。道光十九年,在澳门创办了马礼逊书院,招收中国儿童就读。

先天教 清秘密宗教之一。源自弘阳教。康熙年间,改称"五荤收元教",又以分八卦传教而称八卦教,嘉庆年间,又改称天理教。传至山西的一支仍称先天教。信奉"真空家乡,无生父

1835	道光十五年	三月初五日，赵城县先天教教徒围攻霍州洪洞。
1835	道光十五年	三月初十日，赵城县先天教乱平定。
1835	道光十五年	三月十四日，粤督卢坤奏定《**防范夷人活动补充章程**》。
1835	道光十五年	三月十九日，四川峨边彝民起事失败。
1835	道光十五年	三月二十二日，山西赵城先天教首领曹顺在

母"八字真诀，每晨朝太阳礼拜念经，祈免刀兵水火之灾。道光十四年（1834），教首曹顺筹划起义，提出兴汉灭清口号。次年起事，攻陷赵城，旋被镇压。

防范夷人活动补充章程 清廷为进一步加强对外商的管制和防范而制订的章程。是对道光十一年（1831）所定条款的补充，亦为八条：（一）严禁外国护货兵船驶入内洋，责成水师提督督师巡守防堵；（二）各国商人概不准将枪炮军械及番妇哨人等运带至省；（三）外商雇用引水、买办，由澳门同知发给牌照，不准私雇；（四）外商雇用杂役，明定限额，由买办代雇；（五）严格限制外商闲游；（六）外商具禀事件，概由行商据情转禀，若控告行商仍准自赴官衙；（七）外国商船到粤可自寻洋行认保，一切交易事宜均由认保承办；（八）各省海船置买洋货，一律赴粤海关请用盖印执照，不准私买。

虎门炮台 建造在珠江入海口的防御工事。虎门位于珠江口，以虎山而得名，地势险要，为广州滨海之门户。自康熙朝，清政府

		山东观城被擒获。
1835	道光十五年	四月初九日,英一只双桅船,驶入福建熨斗洋面,寻求通商,被清军水师逐出。
1835	道光十五年	四月十四日,从卢坤、关天培请,增修广州**虎门炮台**。
1835	道光十五年	四月二十五日,赐**刘绎**等二百七十六人进士及第出身有差。

就开始在此修筑炮台,至嘉庆二十二年(1817)基本建成。整座炮台共分三重:大角、沙角两炮台为首重,南山、镇远、新涌、横档等炮台为二重,大虎山炮台为三重。先后派副将、总兵、水师提督等官员镇守。鸦片战争前夕,虎门海口共有新旧炮台十一座,配置炮位三百三十门。道光二十一年(1841),英军进犯虎门,沙角、镇远炮台被毁,后修复。咸丰七年(1857),被英军全部毁坏。

刘绎(1797-1878) 字瞻岩,江西永丰人。道光十五年(1835)乙未科状元,授翰林院修撰。道光十七年,提督山东学政,课士不落虚空,以省察躬行为本,并主讲鹭洲书院、青原书院,于鼓舞士子,端庄学风,多有功绩,造就人才甚众。任满,以父母年老乞假终养。咸丰元年(1851),奉诏入京,仍以母年迈陈情归里。八年,受命以三品京堂督办江西团练,旋因母丧回籍丁忧。同治初,复召入京,以老疾辞归。著有《存吾春斋诗文钞》二十五卷。

1835	道光十五年	五月二十七日，重申闽省海禁。
1835	道光十五年	六月二十九日，胡夏米向英外相**巴麦尊**提出军事侵华方案。
1835	道光十五年	闰六月二十一日，四川峨边厅彝民再次起事。
1835	道光十五年	闰六月二十六日，命各省认真甄别初任捐纳人员，以肃吏治。
1835	道光十五年	八月初八日，以皇太后六旬寿辰，普免各省逋赋。

巴麦尊（Henry John Temple Palmerston, 1784－1865） 一译帕麦斯登。爱尔兰贵族出身。历任英国陆军大臣、外交大臣和首相。原属托利党，1830年（道光十年）后成为辉格党人。1833年，曾训令首任驻华商务监督律劳卑设法在中国开辟商埠、获取海军据点、不必干涉和阻挠鸦片走私。其后，英国政府有关中国问题之决策多与其相关，是以武力打开中国国门的总策划。在任第一任首相（1855－1858）期间，又发动了对中国的第二次鸦片战争。

提镇 提督和总兵连称时的简称，均为武官名。提，即提督，又称提台、军门，是一省绿营军的最高军政长官，秩从一品。名义上与督抚并称"封疆大吏"，但实际仍听督抚节制，有的由巡抚直接兼任。镇，原为总兵驻守之地之称呼，比如定海镇、寿春镇等，故总兵又俗称镇台。其是清绿营军中仅次于提督的高级将领，秩正二品。在清代文献中，

1835	道光十五年	八月十七日，以英船驶至山东洋面，命沿海各省巡防堵截，严禁接济。
1835	道光十五年	九月初九日，谕令各直省督抚**提镇**逐层稽查各营兵丁实数。
1835	道光十五年	九月十一日，通谕各省缉办"会匪"、"邪教"。
1835	道光十五年	九月十四日，美国传教士**伯驾**在广州设**眼科医局**。

提督和总兵连称时一般都简称提镇。

伯驾（Peter Parker, 1804—1889） 美国新教传教士，外交官。耶鲁大学毕业。1834年（道光十四年），来华传教行医，次年，在广州创办中国第一所教会医院——"眼科医局"。1838年，与裨治文共同组织"广州医务传教会"。1844年，就职美国驻华使馆，协助顾盛与清廷签订《中美望厦条约》。1855年（咸丰五年），就任美国驻华公使，任内曾主张侵占中国台湾。1857年，辞职回国。1879年（光绪五年）后，在美国任"中国医务传教会"驻美会长。

眼科医局 外国人在中国开办的第一家教会医院。著名的博济医院的前身。由美国新教传教士伯驾于道光十五年（1835）创办设于广州十三行内的新豆栏街，故又称"新豆栏医局"。咸丰五年（1855），因伯驾就任美国驻华公使，医局由另一名美国传教士兼医生嘉约翰（John Glasgow

1835—1836

1835	道光十五年	十月初五日，英商务监督公署自澳门移驻伶仃洋面船上。
1835	道光十五年	十月初九日，令京师禁止民间夜间售卖杂货，以靖治安。
1835	道光十五年	十月二十日，通谕各省严查兵丁书役中之**潜习教会者**。
1836	道光十五年	十二月初八日，英商务副监督**义律**报告英政府，广州英商不满监督之沉默与和平政策。

Kerr 1824—1901）接替主持。次年，第二次鸦片战争爆发，医局停闭。九年，嘉约翰在广州南郊选新址重建，并改名"博济医院"。此后，医院规模和水平日渐发展，直到1949年被关闭。是在华历史最久的教会医院。

潜习教会者 指暗中加入基督教会，奉行基督教者。对此等兵丁书役，道光谕令各省督抚提镇严密查拿，尽法惩治，不得稍事姑息。

义律（Captain Charles Elliot, 1801—1875） 英国人，海军出身。1928年（道光八年），升任海军上校。1834年，随律劳卑来华。1836年，充任驻华商务监督。1839年，以林则徐禁烟，怂恿英外交大臣巴麦尊发动侵华战争。鸦片战争爆发后，与从兄懿律率英舰陷定海，北犯大沽。后与琦善议定《穿鼻草约》，并迫使奕山签订《广州和约》。旋被英当局调往北美洲殖民地任职。后封爵士，授海军大将军衔。

邓廷桢（1774—1846） 字维周，号嶰筠，江苏江宁（今南京）

1836	道光十六年	正月二十六日,以英鸦片烟船,虽经禁止,仍欲驶入内洋,谕令两广总督**邓廷桢**随时访查,严行禁阻防范。
1836	道光十六年	二月初六日,湖南武冈州二三千名**青莲教**徒,持械由新宁县分三路攻打武冈州城。旋被击溃。
1836	道光十六年	二月初七日,命缉拿赣、闽、浙三省交界山中之"花子会"。

人。嘉庆六年(1801)进士。道光六年(1826),擢安徽巡抚,治皖十载,政尚安静,境内大和。十五年,擢两广总督,次年,赞和许乃济奏请弛禁鸦片。后林则徐以钦差身份赴广州禁烟,廷桢积极协同其缉查走私偷运,收缴焚销鸦片。并整治海防,屡败英军。十九年底,调任闽浙总督,督师治福建防务,抗击英军。次年九月,与林则徐同被革职,继戍伊犁。二十三年,释还,治理陕甘,亦有政声。二十六年,卒于陕西巡抚任。精音韵之学,著有《双砚斋诗钞》等。

青莲教 又称龙华会,"五行十地佛"教。嘉道时期出现的秘密宗教。信奉达摩祖师及无生老母。五行十地之意,即教内分先天五行(法、精、成、秘、道)、后天五行(元、微、专、果、真),另有五德(温、良、恭、俭、让),分掌内外十地教区。声称入教后可免水火刀兵之灾。教徒中分青、红、黑三家,青家吃斋,红家吃荤,黑家专事武力活动。流传于四川、陕甘、湖广等地。道光二十五年(1845),

1836	道光十六年	二月初十日，御史章炜奏报各地**办赈流弊**。
1836	道光十六年	二月十一日，命各省督抚责成各道府，慎选人员，会同地方官亲历编查保甲，不准携带多人，恣意需索，骚扰地方。
1836	道光十六年	三月初十日，**浙江海塘大工**完竣。
1836	道光十六年	四月二十五日，赐**林鸿年**等一百七十二人进士及第出身有差。
1836	道光十六年	四月二十九日，太常寺少卿**许乃济**奏请变通

在湖南桂阳组织过武装起义。

办赈流弊 清代每遇灾荒，国家必按制度采取相应的赈济措施。嘉道以后，国家荒政日趋弊坏，办赈弊端层出不穷。这里主要是指：（一）乡保里书开报饥口，每多有使费；（二）州县胥吏又复勒索票钱册费，灾黎若无力出钱，即删减口数；（三）州县因仓库亏空，往往藉办赈之名，行开销之实，多开户口，取盈余饱其私囊；（四）勘灾委员并不亲赴乡庄查勘灾情，而查勘费用仍取资于赈款之内。

浙江海塘大工 浙江海塘自仁和之乌龙庙至江苏金山界，长三万余丈。由于钱塘江水顺流而下，而海潮逆江而上，冲突激涌，其势十分猛险。清朝统治者对浙江海塘的整治非常重视，改民修为官修，特别是乾隆年间，几次大修。道光年间，也动用巨帑予以维修。维修工程始自十四年（1834）八月，十六年三月告竣。计修筑各工一万七千余丈，其中新建鳞塘二千六百余丈。用

1836—1836

		鸦片烟禁，准其以货易货，照章纳税，并宽栽种之禁。道光命邓廷桢等妥议具奏。
1836	道光十六年	六月初九日，英外相巴麦尊训令驻华监督，勿开罪中国官府。
1836	道光十六年	六月二十三日，谕令邓廷桢等查办伍姓行商交通夷商，包揽鸦片买卖，偷漏纹银出洋等事。
1836	道光十六年	六月二十九日，福州驻防旗兵捣毁饭馆，捆打民人，铺户愤而罢市。

银一百五十七万二千余两。

林鸿年（1805—1886） 福建侯官（今福州）人，字勿村。道光十六年（1836）丙申恩科状元，授翰林院修撰。十七年，任册封琉球国王正使。二十年，充山东乡试正考官。同治二年（1863），任云南按察使、布政使。三年，迁云南巡抚。五年，革职。回乡后，掌教于鳌峰书院，先后达二十年，颇有造就。光绪八年（1882），朝廷下令赏还三品卿衔。

许乃济（1777—1839） 字叔舟，号青士，浙江仁和（今杭州）人。嘉庆进士。曾任广东按察使近十年。继任光禄寺卿、太常寺少卿。道光十六年（1836），上《鸦片烟例禁愈严流弊愈大应亟请变通办理折》，疏请弛禁鸦片。认为禁烟无用，请求准许输入鸦片，照药材纳税；准许内地种植鸦片以抵销鸦片进口；只禁官吏兵丁吸食，百姓不问。此折遭许球、黄爵滋等驳斥，而为邓廷桢、祁𡎴等所赞同。十八年，

1836	道光十六年	七月初一日，以山西寿阳县等地有所谓**三教庙**，命即行改正，并令各省督抚转饬各州县，若发现此类庙宇，一律更正。
1836	道光十六年	七月十九日，**命穆彰阿**为大学士，管工部事。

因道光决心禁烟，被革职回籍。有《许太常奏议》。

三教庙 清民间朝拜的庙宇之一。该庙将孔子、佛祖和老子并排供奉，因儒、佛、道并称三教，故名。主要出现在山西寿阳、辽州、宁武等地。

穆彰阿（1782—1756） 字子朴，号鹤舫，郭佳氏，满洲镶蓝旗人。嘉庆十年（1805）进士，累迁礼部侍郎。道光立，终朝恩眷不衰，历官兵部、户部尚书，上书房总师傅，军机大臣，大学士。自嘉庆以来，典乡试三，典会试五，凡复试、殿试、朝考等，无岁不参与。国史、玉牒、实录诸馆，皆为总裁。门生故吏遍于中外，一时号曰"穆党"。曾支持道光帝查禁鸦片。鸦片战争中，鼓吹和议，谋求妥协，诬陷、打击林则徐、邓廷桢等，支持耆英等签订《南京条约》。咸丰即位，被革职，永不叙用。著有《澄怀书屋诗草》。

内阁学士 俗称阁学，官名。内阁大学士属官。定额满洲六人，汉四人。品级初期屡有升降，雍正八年（1730），定为从二品。例由詹事府詹事、少詹事及各寺卿、翰林院侍讲学士等升任。满学士掌奏本章，如御门听政时进折本，朝审、秋审时奏各省勾到人犯等；汉学士掌批题本之汉字谕旨。

1836	道光十六年	八月初九日，**内阁学士朱嶟**、兵科**给事中许球**先后奏请申禁鸦片禁例，驳弛禁之议。诏命邓廷桢等悉心妥议，力塞弊源。
1836	道光十六年	九月初三日，两广总督邓廷桢、广东巡抚**祁𡎴**奏覆，赞同弛禁鸦片，并拟订《**禁纹银出洋章程**》九条。

朱嶟（1791－1862）字致堂，一字仰山，云南通海人。嘉庆二十四年（1819）进士。历官御史、内阁学士等。道光十六年（1836），许乃济奏请弛禁鸦片，他最早上奏驳斥，要求对吸食、贩卖鸦片及种植罂粟者严刑处治。奏折曾传诵一时。十七年，擢兵部侍郎，兼署吏、户二部，主张暂停铸钱，以解决银贵钱贱危机。咸丰六年（1856），擢左都御史，迭署兵、礼二部尚书。十一年，以病乞罢。

给事中 官名。秦代初置，职守历代多有不同，唐宋后，始有封驳之责。明初始自属一曹，分吏、户、礼、兵、刑、工六科。清承明制，六科设掌印给事中，满汉各一人。雍正元年（1723），六科改隶都察院，六科给事中与十五道监察御史合称科道。负侍从规谏、补阙拾遗、稽查六部百司官员之职，并临时任城、仓、漕、盐等差。光绪三十二年（1906），撤销六科，仅留给事中二十人，办理有关事务。

许球 许乃济奏请弛禁鸦片后，许球继朱嶟后，上《洋夷牟利愈奸内地财源日耗敬陈管见折》，予严词驳斥。主张详内而略外，先治己而后治人。并提请防患未然，早作反侵略准备。此折与朱嶟之折一道传诵一时，所提禁烟办法，对日后林则徐禁烟多有影

1836	道光十六年	十月初三日,浩罕回民扰边,攻陷新疆色埒库勒。
1836	道光十六年	十月初四日,御史袁玉麟奏,鸦片不可弛禁。
1836	道光十六年	十月十八日,台湾嘉义县下加冬沈知聚众起事,抢粮戕官。寻被戡平,沈知就擒。
1836	道光十六年	十一月初七日,义律继任英国商务监督。

响。

祁𡑅(1777—1844) 字竹轩,一字宗庵,山西高平人。嘉庆元年(1796)进士,累官至广西、广东巡抚,刑部尚书,两广总督。道光十二年(1832),参与用兵广东、湖南瑶疆,疏陈善后事宜,以功加太子少保。鸦片战争爆发,督理军务,游移于和、战之间。于修筑炮台,交涉英人入城事务,多有用心。三元里人民抗英,曾与奕山遣广州知府余保纯出面解义律之围。二十三年,疏陈粤民义愤,民情可用。旋以病乞休。

禁纹银出洋章程 邓廷桢等在赞同弛禁鸦片同时,为防止纹银出洋而拟订的章程。共九条:(一)鸦片只准以货易货;(二)官兵之稽查,只令在隘口,不准出洋;(三)番银准夷商带回三成;(四)鸦片与别项洋货一例交易,不必设局专办;(五)鸦片烟税仍照旧制输纳,不必加增;(六)不必预定鸦片烟交易价值;(七)内地海船销运鸦片,应由粤海关发给执照;(八)民间栽种罂粟,可稍宽厉

1837	道光十六年	十二月二十七日,义律报告英政府,称鸦片问题将起纷争,主张派专使来华交涉征税、弛禁事宜。
1836	道光十六年	是年,著名医学家**吴瑭**病故。
1837	道光十七年	正月十七日,山东巡抚经额布奏,潍县**添柱教**马刚等滋事,已捕获惩治。
1837	道光十七年	正月十九日,定《**查禁畿辅私藏鸟枪章程**》。

禁;(九)官员、士子、兵丁,仍严禁吸食。由于道光帝最后并未采纳他们的意见,故此章程亦未真正推行。

吴瑭(1758-1836) 字鞠通,又字配珩,江苏淮阴人。少习儒,后因父病不起而发愤学医。赴京师,博览群书,医道大进。受温病学家吴有性,特别是叶天士的影响较大,于温热病尤有心得。采集过去有关温热病的著述,结合自己实践经验,写成《温病条辨》,论述三焦辨证和治法,对温病学的发展具有较大的贡献和影响。被称为清"温病四大家"之一。另有医案等著述。

添柱教 道光间坎卦教之异名,民间秘密宗教之一。道光十六年(1836),山东安邱县坎卦教首领刘杰见其徒孙马刚口齿伶俐,精明能干,遂将其收为义子,并令其掌管教务。不久,马刚为教众推举为总教头。马刚以坎卦教容易犯案,遂改名添柱教。先后收徒二百余人。自称白虎下凡,见过无生老母。后约定于十八年二月起事。十七年正月初七日(1837年2月11日),闻知当局

1837	道光十七年	正月二十二日,林则徐迁湖广总督。
1837	道光十七年	二月初二日,洪秀全在广州科考不第,悲愤成疾。
1837	道光十七年	二月初九日,命各省整顿捕务,缉拿教匪奸徒。
1837	道光十七年	二月十一日,义律被通知允其来广州。
1837	道光十七年	三月十七日,谕各省武备,火器为先,嗣后闽浙两省凡遇**把总**、**外委**等员缺出,即以精熟鸟枪弁兵,考校拔补。
1837	道光十七年	三月十九日,广州英商要求清偿行商欠款约

差役访拿,便提前于次日聚众采取行动,谋占县城,旋被官兵击败,一百五十余名教徒被捕。

查禁畿辅私藏鸟枪章程 清廷为加强对畿辅地区控制,维护社会治安而制订的章程。主要内容是:(一)令民间限期呈缴,官府出价收买,每杆给银二两;(二)严禁私造;(三)对直隶环山滨海地区确实需要使用人户之鸟枪,报官呈验,编列字号,户限一杆;(四)州县收缴鸟枪,以多寡明定功过。限内收存三十杆以上者,记功一次,不及十杆者,记过两次。

把总 武官名。明代始设,清代为绿营兵基层组织"汛"之领兵官,秩正七品。职掌巡守营哨汛地,也称营把总。另有外委把总,正九品,地位较营把总低。漕运总督所辖卫所和守御所亦设把总,称卫把总和守御把总,统率运军领运漕粮。另外四川、云南、贵州、甘肃土司官中亦设把

		1837—1837
		三百万元,邓廷桢令行商共同负责。
1837	道光十七年	三月二十日,义律要求以后不经行商,直接与粤督交往,邓廷桢不允。
1837	道光十七年	四月初七日,以**棚民**开山种植,易于藏奸,命严厉查禁,将棚民遣送回籍。
1837	道光十七年	四月十三日,谕,以后纂修《玉牒》,皇后无论有无所出,俱载入。
1837	道光十七年	五月初十日,英外相巴麦尊训令义律坚持直接与总督文移往来,不经行商,不用禀字。

总,称土把总、屯把总和苗把总等。清末北洋海军亦设把总一职。

外委 武官名。为清代绿营军中的低级军官,因系额外差委之官,故名。有外委千总、外委把总,通称外委。其职掌与额设千总、把总相同,但品级较额设官低二品。另有额外外委,品秩更低,为从九品,系绿营军中最低级军官。

棚民 清代移民之一种。最早出现在江西、浙江、福建、安徽等省。由于土地资源紧张,一些民众移赴以上一些省份的山区,开山谋生,以艺麻种箐、开炉煽铁、造纸制菇等为业。由于为外来居民,往往依山搭棚居住,故名。雍正四年(1726),定例照保甲法一体编查。嘉道以后,由于棚民数量日增,对社会治安造成一定影响,同时还导致山区植被破坏,水土流失,形成较为严重的环境问题。官府多次采取措施加以限制,但效果不彰。

1837	道光十七年	六月初五日，以御史朱成烈奏，粤、闽、江、浙、天津等海口每年出洋纹银多达六千余万两，以致银价日昂，严诏沿海各省督抚并海口各监督认真稽查堵截。
1837	道光十七年	六月初五日，以外省绿营兵丁，多吸食鸦片，谕令各省督抚提镇务振刷精神，严加整饬。
1837	道光十七年	六月初九日，闽浙总督**钟祥**奏定《**禁止械斗**

钟祥（？－1849） 汉军镶黄旗人。嘉庆十三年（1808）进士。道光中，累官至山东巡抚、闽浙总督。总督任上，曾议合巡洋面核实稽考章程，以防官弁畏险偷安之弊。道光十九年（1839），以总督印信被盗夺职。后起复。二十三年，授河东河道总督。次年，因黄河中牟决口坝工复蛰，被褫职留任。

禁止械斗章程 清政府为制止东南沿海地区不断盛行械斗之风而制订的章程。主要内容是：（一）广为宣讲圣谕、广训。除于公所朔望日讲解外，官员应于坐堂理事、书院月课及因公下乡之便，广为教导。（二）及时公正审结械斗命案。民间投递初呈，即应公勤诘讯。如有未结旧案，应编顺年月，分期提审。（三）漳泉民风，重财轻命，须严禁诬累，据实反坐。（四）各地多以祠租为械斗各犯费用，吏胥图利串唆，应严行惩办。

三合会 清代天地会系统秘密会社。创于嘉庆年间。最初出现于广东顺德、南海、增城等地，其结拜仪式，歌诀、指诀均同于

		章程》。
1837	道光十七年	六月二十六日，广东香山**三合会**起事。
1837	道光十七年	六月二十六日，以四川**马边**凉山彝乱，命鄂山征剿之。
1837	道光十七年	六月二十八日，叶尔羌参赞大臣**奕山**奏，擒获浩罕头目阿达那，杀之。

天地会。三合之名，系从洪字变化而来，会内歌本所传，有"三八二十一，合来共一宗"，又有"三合河水出高溪"等诗句。歌本并有"来复明朝"等明确反清的政治内容。后传至南方各省，发展甚速。太平天国时期，两广、湘、赣等地三合会，纷纷响应，势力甚大。辛亥革命时期，更成为南方会党中的主要力量。

马边 厅名。本屏山地，清初为马边营，乾隆二十九年（1764）改厅，设通判，隶四川叙州府。即今四川马边彝族自治县。

奕山（1790－1878） 字静轩，爱新觉罗氏，宗室，隶镶蓝旗，恂郡王允䄉四世孙。道光中，先后从征喀什噶尔，治办塔什图毕垦务，历伊犁领队大臣、参赞大臣、将军，正白旗领侍卫内大臣，御前大臣。道光二十一年（1841），出任靖逆将军，赴广州督师，抗击英军侵略，战败求和，订立《广州和约》，被革职圈禁。二十三年，释回，仍任职新疆，二十九年，再授伊犁将军。咸丰五年（1855），调黑龙江将军。八年，慑于俄国兵威，

1837	道光十七年	七月初一日，命兵部右侍郎**倭什讷**为使，往朝鲜册封朝鲜国王妃。
1837	道光十七年	七月初四日，邓廷桢等饬令义律立即将停泊于伶仃洋、急水门和金星门等处趸船遣去。此后又一再催促。
1837	道光十七年	七月十八日，命邓廷桢等缉办广州包揽私贩鸦片烟泥匪徒。
1837	道光十七年	七月二十八日，令邓廷桢传谕各国**大班**，从严稽查该国商人，不准私行越界，勾串贩烟滋事。
1837	道光十七年	九月初一日，谕邓廷桢等，嗣后广东洋商不得无故添设，并惩处拖欠河工捐银之行商，勒限一年完缴。
1837	道光十七年	九月初五日奏报，现查明，新疆色坪库勒等

与俄使私订中俄《瑷珲条约》，割让大片土地。被劾革职，不久补正红旗蒙古都统。

倭什讷（1803—1852） 伍弥特氏，满洲正黄旗蒙古人，一等侯领侍卫内大臣德楞泰之孙。官至杭州将军。

大班 鸦片战争前，广州外国商船或商行的首脑。17世纪以后，外国到广州贸易商船的船货管理员及东印度公司驻广州办事处特别委员会的主要成员，按其职位高低，分别称大班、二班、三班。大班地位相当于今日之经理或总管。三班以上可停居十三行，其余只能守船舶。五口通商

		处,已无浩罕人占据。
1837	道光十七年	九月二十三日,命邓廷桢转饬义律将鸦片趸船全数开去。
1837	道光十七年	十月初四日,英外相请海军大臣派遣东印度舰队司令**马他伦**往中国保护英人贸易,并作监督后盾。
1837	道光十七年	十月十九日,义律覆邓廷桢,无权过问非从事正规贸易的英国商船。
1837	道光十七年	十月二十二日,邓廷桢等再限义律于正月内将鸦片趸船遣去,否则即行封舱。
1837	道光十七年	十月二十三日,义律接到巴麦尊训令,即终止与粤督往来。
1837	道光十七年	十月二十四日,定**《惩治逃走太监章程》**。

以后,外商在各口岸开设洋行的外国经理,也习称大班。

马他伦(Admiral Sir Frederick Maitland, 1777—1839) 爵士,英国海军出身。曾任东印度海军舰队总司令。1838年(道光十八年),奉命率舰队开赴广州增援义律,后死于海上。

惩治逃走太监章程 由内务府奏定,系对道光六年(1826)治罪例的补充。该章程规定:太监逃至河南、山东、山西及东三省者,枷号一年,发往黑龙江给官员为奴,遇赦不赦;逃至其他各省者,即系越省远扬,永远枷号禁毙;止逃回顺天、直隶本籍

1837–1838

1837	道光十七年	十一月初二日,义律自广州回澳门。
1837	道光十七年	十一月二十一日,行商通告广州英国英商公所,如有再夹带鸦片者,即收回商馆,不再租与。
1837	道光十七年	十一月二十五日,以正月期满,鸦片趸船延不开行,邓廷桢令行商查覆,暂缓封舱。
1838	道光十七年	十二月初七日,以关外奉天锦州、海城等地发现售卖鸦片,命盛京将军**宝兴**等,严饬所属,随时认真稽查。
1838	道光十八年	正月,广州英美传教士伯驾、**郭雷枢**、裨治

者,照旧例办理;逃往别州县,离本籍五百里以外者,枷号六个月,发往打牲乌拉给官员为奴,三年释回;如复行逃走,即照逃往河南、山东、山西、东三省例治罪。

宝兴(1776—1848) 字献山,爱新觉罗氏,觉罗,隶镶黄旗。嘉庆十五年(1810)进士,累迁少詹事。嘉庆十八年,在林清之变中因及时报警,擢内阁学士。道光初,历任大理寺少卿,理藩院、兵部侍郎等职,多次从王鼎查治长芦、两淮盐务。十一年(1831),擢吉林将军。十八年,迁四川总督,疏陈御边之策,建议增兵额、改营制、筑碉堡、设哨卡、定期巡边、优奖边吏。二十一年,拜大学士。

郭雷枢(Thomas R. Colledge, 1796—1879) 一译加律治。英国东印度公司外科医生。1827年(道光七年),在澳门首设眼科医院。道光十八年(1838),与

		文等人创立**中国医药布道会**。
1838	道光十八年	二月初一日，命直隶总督琦善为大学士。
1838	道光十八年	三月十三日，偷运鸦片、开设烟馆之郭亚平在澳门被处以绞刑。
1838	道光十八年	四月初一日，乌鲁木齐都统中福奏请创设书院，被道光斥之为舍本逐末，喜事好名，著降三级留任。
1838	道光十八年	四月二十五日，赐**钮福保**等一百九十四人进士及第出身有差。

伯驾、裨治文等合作在广州创设"中国医学布道会"，任该会会长凡四十年。后回国。

中国医药布道会（Medical Missionary Society in China）

西方人在中国设立的第一个教会医学团体。一作"中国医务传道会"。道光十八年（1838）正月，在华传教士在广州举行会议，成立该会，并推举郭雷枢任会长。该会旨在协助医院活动，并通过协会"为中国人和外国人之间带来更多的社交和友谊，并传播欧美的艺术与科学"。在此后的较长一段时间里，协会起到了联络、组织西方教会各教派之医院、医师之作用。光绪十二年（1886）后，为上海的"中国博医会"所取代。

钮福保 字松泉，又字右申，浙江乌程人。道光十八年（1838）戊戌科状元，授翰林院修撰。道光十九年，充江南乡试同考官。二十年，充江西乡试同考官，

1838	道光十八年	闰四月初三日，户部**宝泉局**炉匠史端等率众匠役辍工出厂，停炉罢工。
1838	道光十八年	闰四月初四日，诏刑部嗣审办天主教案，有情愿改悔者，即令其跨越犯人家内供奉之十字架。
1838	道光十八年	闰四月初十日，鸿胪寺卿黄爵滋上《**严塞漏卮以培国本折**》，主张严厉禁烟。
1838	道光十八年	五月初七日，湖广总督林则徐复议黄爵滋折，

旋任广西学政。二十五年，充乙巳恩科会试同考官。二十七年，为丁未科会试同考官。官至少詹事。性坦直，不设城府。屡任考试官，皆以得士为人所称道。博学多才，工书画，诗赋文章亦佳。

宝泉局 官署名。清代鼓铸制钱的机构，归户部钱法堂管辖。掌监收各地解京之铜，开厂铸钱等。所铸之钱供官民使用。设满、汉监督各一人，掌治局事，每任两年更代。于北京设东、西、南、北四厂，铸造制钱。

严塞漏卮以培国本折 鸿胪寺卿黄爵滋主张严厉禁烟、重处吸食者之上疏。在该疏中，黄爵滋力陈鸦片大量输入、白银外流以及银贵钱贱之危害。认为："夫耗银之多，由于贩烟之盛，贩烟之盛，由于食烟之众。无吸食自无兴贩，无兴贩则外洋之烟自不来矣。宜先重治吸食。"提出戒烟以一年为限，逾期仍吸食者，平民处以死刑，官吏加等治罪，子孙不得应试。对道光产生了较大的触动，因此谕令各封疆大吏就此事妥议具奏，引发了是弛禁还是严禁的争议。

		主张用大辟严刑，治吸食者罪，并拟具**禁烟六策**。
1838	道光十八年	五月十七日，云贵总督**伊里布**奏报缅甸争夺王位内讧情形，道光谕令沿边关隘巡防官兵，不得出边滋事。
1838	道光十八年	五月二十一日，英东印度舰队司令马他伦率舰抵粤。

禁烟六策 这是林则徐在陈奏支持黄爵滋之奏疏时提出来的，在该折中，林还附上了戒烟药方。该"禁烟六策"是：（一）首先把烟具收缴净尽，以根绝吸毒工具；（二）出示劝告，将禁烟的一年期限划分四限，递加罪名，以免因循观望；（三）加重开馆兴贩以及制造烟具各罪名，并分别勒限缴具自首；（四）失察处分应先严于官员的左右亲近之人；（五）命地保、牌头、甲长查起烟土、烟膏、烟具；（六）审断烟犯应用"熬"法。

伊里布（1772－1843） 字莘农，爱新觉罗氏，满洲镶黄旗红带子。嘉庆六年（1801）进士。历官陕西、山东、云南巡抚，云贵总督，协办大学士。道光十九年十二月（1840年1月），调任两江总督，次年，充钦差大臣，赴浙江查办中英交涉事宜，主张妥协了事，曾派家丁犒劳英军。以私自通款，被革职。继被起用，以七品顶带随耆英再赴浙，署乍浦副部统。七月，与耆英以全权代表身份赴江宁议和，签订《南京条约》。继任广州将军、钦差

1838	道光十八年	五月二十九日，琦善奏，主张将开馆兴贩鸦片及吸食之文武官员发配新疆充军。
1838	道光十八年	六月初八日，虎门炮台迫使英舰 Bombay 号停驶，搜查英军官马他伦、兵士及妇女。
1838	道光十八年	六月十五日，英舰队司令马他伦抗议"六·八事件"。
1838	道光十八年	七月初二日，两江总督陶澍奏，复议黄爵滋折，主张吸食鸦片者论死。
1838	道光十八年	七月十九日，谕令各省将军、督抚，严办吸烟及开馆之人。
1838	道光十八年	七月二十七日，谕邓廷桢等迅饬英国巡船回国，否则，即行驱逐，停止该国贸易。
1838	道光十八年	八月初二日，林则徐奏呈**《钱票无甚关碍宜重禁吃烟以杜弊源片》**，申述禁烟主张。
1838	道光十八年	八月初十日，谕下届乡、会试正科，于明年八月和道光二十年预先举行。二十年秋，举行恩科乡试，二十一秋举行恩科会试。

大臣，办理善后事务。翌年，卒于任。

钱票无甚关碍宜重禁吃烟以杜弊源片 这是禁烟运动中一件非常重要的文献。它以有力的论据促使道光帝决定采取严禁措施，使原来处于弱势的严禁派开始占据上风。林在这一奏片中驳斥了

1838	道光十八年	八月十七日，湖广总督林则徐等奏报两湖查拿烟贩，收缴烟具情形。
1838	道光十八年	八月二十二日，邓廷桢奏，主张加重吸食兴贩鸦片之罪，但不当论死。
1838	道光十八年	九月初六日，以各省督抚将军议覆黄爵滋严禁鸦片折已陆续奏到，著大学士、军机大臣等会议具奏。
1838	道光十八年	九月初八日，命各省加紧查拿烟犯，力袪积弊。
1838	道光十八年	九月十一日，以许乃济前曾奏弛禁鸦片，不得政体，著降为六品顶带，即行休致。
1838	道光十八年	九月二十二日，以天津海口拿获广东烟犯，及烟土八十二袋，重十三万一千余两，命粤督严查。
1838	道光十八年	九月二十三日，著林则徐来京陛见。
1838	道光十八年	十月十七日，两江总督陶澍奏，缴获窝顿烟土五万余两。

银价之昂是由于商人所出钱票造成的认识，提出了"钱票无甚关碍"的论点。同时从现状出发，一针见血地指出鸦片输入对社会经济的严重破坏作用，说："若犹泄泄视之，是使数十年后，中国几无可以御敌之兵，且无可以充饷之银。"

1838	道光十八年	十月十八日，谕令各省督抚，于所属南货烟土烟具，务当秉公核查数目，当堂目击销毁。
1838	道光十八年	十月二十四日，广州英商因义士（James Innese）偷运鸦片被获，邓廷桢限令三日内离境，未去之前，停止对英贸易。
1838	道光十八年	十月二十六日，广州官吏拟将烟犯何老近在外国商馆前处绞，外人反对，万余民众包围商馆以示抗议。
1838	道光十八年	十月二十九日，闽浙总督钟祥等奏，拿获出洋贩卖烟土等犯。诏命认真禁烟，为中国除一大患。
1838	道光十八年	十月三十日，英商因义士被迫离开广州。
1838	道光十八年	十一月初二日，英领事义律令英国烟船于三

浮奢游戏 此所谓浮奢游戏是指民众开展的一些当时被认为有害风俗民心的娱乐活动，比如，施舍路灯，演放花盒，夤夜聚众，挑灯击鼓。并奇装异服，驰马跑车。甚且招引妇女，乘间奸拐等等。为此，道光谕令步军统领衙门、顺天府五城出示严禁，无论何人有犯，立即查拿，予以责惩治罪。

堂官 清对中央各部院等衙门长官的通称。如六部管部大学士、尚书、侍郎，各寺之卿、少卿，以及其他中央独立机构的长官。

		月内退出虎门,对偷运鸦片者不负保护之责。
1838	道光十八年	十一月初四日,谕令严禁云南种植罂粟。
1838	道光十八年	十一月十五日,命湖广总督兼兵部尚书衔林则徐为钦差大臣,驰赴广东,办理查禁鸦片事宜,广东水师兼归节制。
1839	道光十八年	十一月十七日,御史万超奏准禁京师一切**浮奢游戏**。
1839	道光十八年	十一月十七日,命各部院**堂官**,及各省督抚、各土司,严查吸食鸦片职官。
1839	道光十八年	十一月十八日,就派遣林则徐赴粤查禁鸦片事,发布**专谕**。
1839	道光十八年	十一月二十二日,邓廷桢等布告严禁吸食鸦片。

以他们均在各衙门大堂上办公,故名。又称"某部堂"。

专谕 专门就某一具体事务而发的上谕。此专谕是道光为配合钦差大臣林则徐赴粤禁烟而发的,表达了他对彻底查禁鸦片的重视和决心。该谕首先指出清查鸦片的必要性和紧迫性。然后,一方面指示林则徐必须将与吸食、兴贩鸦片的种种弊端,"随时随地,净绝根株"。另一方面,又命令两广总督邓廷桢、广东巡抚怡良须积极配合协助林则徐禁烟,"断不可存观望之见,尤不

1839	道光十八年	十一月二十三日，林则徐离开北京赴广州。
1839	道光十八年	十一月二十九日，禁止旗人妇女仿效汉人**缠足**，兵士衣服宽大。
1839	道光十八年	十二月初二日，广州行商将禁烟新律通知英商。
1839	道光十八年	十二月十二日，鸦片烟船相继离开广州。
1838	道光十八年	是年，**王士雄**《霍乱论》刊行。

可有推诿之心"。双方同心协力，"为中国祛此一大患也"。

缠足 中国古代流行于汉族妇女的一种独特风俗。即在女子尚未长成时，以布帛裹足，压缩肌肉，抑制其正常生长，使足形短小，且变态，成为弓形。最早出现于五代南唐的宫廷中，宋以后，逐渐盛行，到明代已成为一种普遍的社会现象。满清入关后，一度禁止妇女束发裹足，不久弛禁，但对满洲妇女仍予禁止。缠足在清代，在社会上层，普遍流行，但在下层，特别是南方地区，流行程度较低。太平天国政权曾禁止。清亡后，逐渐废绝。

王士雄（1808－1868） 字孟英，号梦隐，又号潜斋，别号随息居隐士等。祖籍浙江海宁，迁居钱塘。出身医学世家，自幼习医，尤其对温病的证治和理论有独到见解，为清代"温病四大家"之一。著有《温热经纬》、《霍乱论》、《归砚录》等书，并将自己的医案整理成书——《王氏医案》，还参注了不少医书，如《女科辑要》、《四科简效方》等。对当时传入的西方解

1839	道光十九年	正月十三日,鸦片烟犯何老近在广州外国商馆前被绞决。
1839	道光十九年	正月二十四日,命贵州巡抚贺长龄认真查拿私种罂粟者。
1839	道光十九年	正月二十五日,钦差大臣林则徐到达广州。
1839	道光十九年	正月二十七日,谕令林则徐、邓廷桢、广东巡抚**怡良**严饬水师追捕在外洋寄碇之鸦片趸船。

剖生理学等,持开明的态度,对一概拒绝西说而认为中西脏腑不同等谬说加以批判。

霍乱论 书名。王士雄撰,二卷,我国第一部有关霍乱的专著。真性霍乱自嘉道之际传入中国后,不时流行肆虐,对社会造成了较大影响。有感于此,王士雄结合自己深厚温病学理论素养和丰富临床经验,于道光十八年(1838)撰成该书。论述了霍乱的病情、成因及防治,引述前人和本人治案,并介绍了霍乱常用方药。咸丰间针对新的流行情况,重新加以修订,同治元年(1862),予以重刊,更名《随息居重订霍乱论》。收入《中国医学大成》。

怡良(1791-1867) 瓜尔佳氏,满洲正红旗人。初为刑部笔帖式,历官至广东巡抚,署两广、闽浙总督,福州将军,两江总督。鸦片战争前后,协同林则徐等在广州禁烟。后揭发琦善擅自割让香港,私许通商之行径。和约签订后,在闽浙总督任上奉命筹办通商及善后事宜,查办在台湾坚持抗战、屡败英军总兵达

1839	道光十九年	二月初一日，谕令沿海各省，协力同心，驱逐贩卖鸦片之外国船只。
1839	道光十九年	二月初四日，林则徐晓谕外国烟贩，限期呈缴所有鸦片，并出具**甘结**。
1839	道光十九年	二月初五日，禁止外商离开广州。
1839	道光十九年	二月初七日，以英人拒不奉命，林则徐下令撤退外国商馆买办工人，包围商馆。
1839	道光十九年	二月初八日，英人被迫缴烟一千零三十七箱，林则徐不受，并下令拘捕抗拒缴烟之英国烟贩**颠地**。
1839	道光十九年	二月初八日，义律在澳门致函巴麦尊，要求以坚决的态度，挫败中国的禁烟。
1839	道光十九年	二月十四日，义律禀告林则徐等，答应呈缴鸦片二万零二百八十三箱。林则徐赏给英人

洪阿、道员姚莹被诬事件，竟不为之昭雪，为时论所讥。咸丰初年，治山东赈务，参与镇压上海小刀会起义，进攻太平军。咸丰七年（1857），以病辞官。

甘结 法律用语。清代官府在审理案件时，经由两造或证人本人出具书面保证，或表示服从判决，或表明自己所言不虚，该保证称为甘结，出具甘结的行为称之为具结。另外，一般官民人等，为表明自己行为的清白或真实，向官府出具的书面的保证书，也叫甘结。如此处，林则徐命鸦片贩子所出之保证书。

颠地（Lancelot Dent） 又译称

		牛羊食物,并令美、荷、法等国领事依照英例,呈缴鸦片。
1839	道光十九年	二月十六日,两广总督邓廷桢奏准,于虎门海口横挡山前,设铁链木排,以阻挡洋船,并添建炮台炮位。
1839	道光十九年	二月十六日,美、荷领事覆林则徐,声明并无鸦片。
1839	道光十九年	二月二十日,义律致函巴麦尊,建议立即武力对华。
1839	道光十九年	二月二十日,林则徐令英人出具永不夹带鸦片甘结。
1839	道光十九年	二月二十一日,林则徐制订《**收缴趸船烟箱章程**》,规定在虎门外龙穴洋面收缴烟土。

大因,英国人,第一次鸦片战争前广州的大鸦片贩子,在广州开设鸦片行Dent & Co.,当时缴烟一千七百箱。此前,他已闻讯潜逃。

收缴趸船烟箱章程 禁烟运动中,林则徐为顺利收缴趸船上的全部鸦片而订立的章程。计七条:(一)所有二十二只趸船上的烟箱,均须盖印、编号、画押交运水师提督署候验。(二)每船派员弁二十名验收,一文一武分管一百箱,依次收缴。(三)验收员弁与看管人员交接烟箱,须严格履行报验手续。(四)运至提署沿途,派得力文武官员严

1839—1839

1839	道光十九年	二月二十一日，广州绅士在大佛寺增设收缴烟土烟枪总局。
1839	道光十九年	二月二十一日，义律禀告林则徐，取结一事不能转令遵行。
1839	道光十九年	二月二十八日，林则徐、邓廷桢等抵虎门，亲自验收收缴鸦片。
1839	道光十九年	三月初三日，谕令各省切实禁烟，不准以呈缴烟膏烟具入奏，苟且塞责。
1839	道光十九年	三月初三日，义律要求英印度总督派遣尽可能多的军舰来华示威。
1839	道光十九年	三月初六日，林则徐同意全体买办工役回归**夷馆**。
1839	道光十九年	三月初八日，义律收到甘结格式，立即将它

行稽查。（五）由东莞县备足一切苫盖之物，以备路遇风雨时使用。（六）提署内盖蓬厂贮烟，四路封塞只留一总路，以便看守。（七）由文武委员带同兵役与行商所派妥员共同看守烟箱。

夷馆 即商馆。鸦片战争前，广州洋行在特定地区内为对外贸易和外商旅居而设之场所。共十三所，地点在广州西关十七甫。系行商伍浩官等人私产，租给英、法、美、荷兰、西班牙、丹麦等国商人居住使用。馆区与中国居民区隔离，中国政府委托行商管理并监督外商行动和生活。粤海关设税卡两所掌缉私。道光二年

		撕毁。
1839	道光十九年	三月初九日，调林则徐为两江总督。
1839	道光十九年	三月十一日，以桂良奏查出河南各处**无生老母**庙三十九处，已全部拆毁，谕令直隶、山东、山西亦一体严查拆毁。
1839	道光十九年	三月十九日，林则徐因鸦片烟已缴过半数，命将广州夷馆包围撤去，允开舱贸易。
1839	道光十九年	三月十九日，命林则徐、邓廷桢将收缴鸦片解京复验。
1839	道光十九年	三月二十四日，命越南、琉球、暹罗，均改为四年遣使朝贡一次。
1839	道光十九年	三月二十八日，林则徐谕示英商，嗣后凡夹带鸦片者，船货充公，人即正法。

（1822），大部分商馆毁于大火，后重建。咸丰七年（1857），英军炮击广州城，各馆均被毁。

无生老母 明清时民间宗教中至高无上的女神，被认为是创世主。系从明中期罗祖的五部六册中幻化出来。关于她的传说颇多，清以后，其传说的民间色彩日渐浓厚。如在道光时，河北白阳教头目王法说法中，无生老母是一个普通的、受过苦难的妇女形象。且人们对无生老母的信仰往往与农民的反抗斗争结合起来。如乾隆三十九年（1774）山东清水教王伦起义，奉无生圣母，宣称"圣母降身，刀抢不入"。

1839—1839

1839	道光十九年	四月初六日，林则徐将应缴烟土全部收清，共一万九千一百八十七箱又二千一百一十九袋。
1839	道光十九年	四月初七日，义律布告禁止英船进口贸易。
1839	道光十九年	四月初十日，义律布告英人，速离广州，船只暂时不得进口。
1839	道光十九年	四月十一日，广州英商上书巴麦尊，要求偿付烟价，保护英人商务。
1839	道光十九年	四月十二日，义律拒绝具结，率英船离广州

道光二十五年（1845），四川青莲教奉达摩祖师、无生老母反。

虎门销烟 林则徐领导的发生在禁烟运动过程中一重要历史事件。道光十九年（1839）正月，林则徐到达广州，在两广总督邓廷桢等人配合下，开始着力查禁鸦片，整顿海防。林则徐等以其义正词严的态度、公正廉洁的作风和切实有效的措施，最终迫使英国驻华商务监督义律命令英商烟贩缴烟。从二月初四日至四月初六日（1839年3月18日至5月18日），共收缴鸦片二百三十七万六千二百余斤。并与邓廷桢亲赴虎门，主持销毁工作。从四月二十二日起至五月十五日（1839年6月3日至6月25日），收缴鸦片用卤水和石灰在虎门海滩当众全部销毁。

钦定严禁鸦片烟条例 清廷严禁鸦片的总法规。是在各封疆大吏充分发表意见的基础上，经各部委官员半年多的议论、草拟和修

		赴澳门。
1839	道光十九年	四月二十二日,林则徐开始**虎门销烟**,至五月十五日结束。
1839	道光十九年	五月初五日,颁定《**钦定严禁鸦片烟条例**》。
1839	道光十九年	五月十三日,定《**夷人携带鸦片入口治罪专条**》。
1839	道光十九年	五月十七日至十八日,台湾嘉义县发生地震,多有损伤。

订制定出来的。计三十九条,主要内容为:对于勾通外洋开设窑口、走私兴贩、开设烟馆、种植罂粟、造制烟土、吸食鸦片、制卖烟具,以及官吏、胥吏、兵丁包庇走私受贿故纵等违法行为,均按情节轻重酌定罪名,刑罚从斩首枭示至杖、流、充军等。条款之细,惩办之严,前所未有,可谓集百年来禁烟条例之大成。具有处治从重、对贩卖与吸食处罚并重以及注意加强对执法者的约束等特点。

夷人携带鸦片入口治罪专条 清廷为制裁夹带鸦片进口的外国人制定的法律条款。计四条:(一)洋人夹带鸦片入口图卖,拟斩立决,为从同谋者,拟绞立决;(二)烟贩所带烟土全部没收,并销毁;(三)鸦片烟犯同船者,须审明是否知情,按情节不同酌量惩治;(四)以奉文之日为始,予限一年,若于限内自将烟土全数呈缴者,免予治罪。

1839—1839

1839	道光十九年	五月十八日，命各省大吏振刷精神，认真查办，于一年半内，将兴贩吸食鸦片各犯，悉数破案。
1839	道光十九年	五月二十三日，美商出具永不贩运鸦片甘结。
1839	道光十九年	五月二十六日，林则徐布告，限民人于一年半内，断绝烟瘾。
1839	道光十九年	五月二十七日，英人在九龙尖沙嘴制造了**林维喜事件**。
1839	道光十九年	六月初二日，林则徐派员查办林维喜案。
1839	道光十九年	六月初二日，闽浙总督钟祥以总督印信被窃，被处革职。

条例反映了禁烟运动初期清政府的禁烟态度与政策，但因种种原因并未执行。

林维喜事件 鸦片战争前发生的中英冲突事件。道光十九年五月二十七日（1839年7月7日），一群英国水手至九龙尖沙嘴村酗酒行凶，打伤村民多人，其中林维喜因伤势严重，于次日死亡。案发后，义律赶到现场调查，以一千五百银元贿买死者家属，希图就此了事。随后，林则徐也派员查办，并令义律交出凶手。义律拒绝。此后，双方为此展开交锋。义律在一艘英舰上自行开庭"审判"，对五名凶犯做了极轻微的惩处。林则徐则通过停止供应英人所需物品，撤回中国买办

1839	道光十九年	六月初八日，云南顺宁府猛缅汉回为争地互斗，官兵助汉人，二千余回民被杀。
1839	道光十九年	六月十一日，林则徐令义律交出殴毙林维喜凶手，义律拒收谕帖。
1839	道光十九年	七月初七日，林则徐令**澳门同知**谕义律，责令交凶，义律拒绝。林则徐布告禁绝澳门英人柴米食物，撤退买办工役。
1839	道光十九年	七月十五日，义律率澳门英商二十七家寄居货船。
1839	道光十九年	七月二十六日，林则徐、邓廷桢赴澳门视察，葡萄牙**澳门总督**宣布中立。

和工役以及限期离开澳门等手段进行斗争。使英人受到了不小的打击，但凶手最终并未交出。

澳门同知 清廷所设监管澳门之防务官职，隶广州府。乾隆八年（1743），由两广总督策楞等奏请将广东肇庆府同知改为"广州府澳门海防军民同知"，移驻前山寨。除负责番禺、东莞、顺德、香山四县海防外，还负责管理住澳洋人事务，故又称澳门同知，秩正五品。鸦片战争前夕，道光十九年（1839）八月，林则徐巡阅澳门后，又将其升为四品道员。该职从设立到宣统三年（1911），共委派六十四任。

澳门总督 澳门殖民政体中的最高官职，亦是澳门葡萄牙政府的

1839	道光十九年	七月二十七日，英舰"窝拉疑"（Vogale）号向清水师开火，酿成**九龙之役**。
1839	道光十九年	八月二十四日，英国内阁会议正式决定向中国出兵。
1839	道光十九年	九月初五日，以九龙之役奏闻，谕令林则徐等，如英船仍行桀骜，即再示兵威。

最高长官。简称澳督。由葡萄牙总统任免并授予权力，级别相当于葡萄牙政府的部长。任期没有任何限制，不过传统上一般与总统共进退。1616年（明万历四十四年）始设，在19世纪以前的大部分时间里，仅拥有军事权。直至1783年（乾隆四十八年）《王室制诰》发布后，总督才被授予大权，成为澳门地区政治生活的主导者。1999年，随着澳门回归中国，澳督也随之退出历史舞台。

九龙之役 鸦片战争爆发前发生的中英海战。道光十九年七月二十七日（1839年9月4日），义律率领英舰四只，以买食为名，驶入九龙湾，要求中国官员在半小时内供应淡水和生活必需品，否则将击沉中国船只。要求遭拒绝后，义律下令轰击停泊于口岸的清军水师。清军参将赖恩爵率兵予以还击，激战五小时，英船退走。清军死三人，伤六人，其中重伤两人。英军亦有伤亡。这是中英之间的首次正式海战。清水师在此役中表现得相当奋勇和振作。

侵华方案 该方案主张通过武力打开中国国门，强迫清政府与英国订立商约，达到以下主要目的：开放广州、厦门、福州、宁

1839	道光十九年	九月二十七日，伦敦东印度与中国协会上书巴麦尊，提出**侵华方案**。
1839	道光十九年	九月二十八日，**穿鼻海战**爆发。
1839	道光十九年	九月二十九日至十月初八日，中英双方在**官涌接战**，英军六遭败绩。

波、长江，中英商人直接交易，英人得携带家眷，协议关税，英领事与中国官员直接往来，若中国不愿加开口岸，则将一岛屿让与英国。这一方案对英国后来对华政策的制订，起到了重要的影响。

穿鼻海战 鸦片战争爆发前中英间的前哨战。虎门销烟后，林则徐申令愿意出具"永不夹带鸦片"甘结的外国船只允许入口贸易，尽管义律不准英国商船私自具结入口，但仍时有英商船有意具结入口贸易。道光十九年九月二十八日（1839年11月3日），义律率英舰，在穿鼻洋阻拦已与清政府具结，正欲报关入口之英国商船，并向前往查究之清军水师船开炮。水师提督关天培立即督师反击。激战一小时，英舰受伤退走。清水师船亦有三只受损。

官涌接战 穿鼻海战的后续战。穿鼻海战后，义律等撤回尖沙嘴。尖沙嘴洋面，群山环抱，是一处能攻能守的战略要地。自中英发生冲突以后，清军加强了对英军的监控，特别是在尖沙嘴迤北的官涌山严加布防，监视英军的活动。使英军惴惴不安，便蓄意扩大事态，发动了一连串武装挑衅。自道光十九年九月二十九日起至十月初八日（1839年11月

1839—1840

1839	道光十九年	九月二十九日,巴麦尊致函义律,指示战争步骤。
1839	道光十九年	十月,"马礼逊书院"在澳门设立。
1839	道光十九年	十一月初一日,林则徐遵旨,宣布停止对英国贸易,各国与英国遵式具结商船,仍准贸易。
1839	道光十九年	十一月初八日,穿鼻海战奏闻,道光再次谕令永远断绝与英国贸易,该国船只尽行驱逐出口。
1840	道光十九年	十一月二十八日,谕令地方官及将领严究武

4日至11月13日),先后六次进攻官涌山清军营盘,均为清军击退。英船被迫退出尖沙嘴洋面,分散寄居长沙湾、赤沥角等处外洋。

马礼逊书院(Morrison School)

又称马公学校、马礼逊学校。道光十九年(1839)十月,由马礼逊教育会在澳门创设。聘美国人布朗(Samuel Robbins Brown, 1810—1880)任校长,教师除布朗夫妇外,还请了一些中国人教中文。学校面向中国儿童,首批学生有容闳等六人。每天上午教英文,下午教中文,还开设数学、生理、地理、历史等课。道光二十二年(1842)十月,学校迁至香港,有所扩展,到二十五年,学生达四十余人。二十九年,因经费困难而关闭。

裕谦(1793—1841) 原名裕泰,字鲁山,博罗忒氏,蒙古镶黄旗人,一等诚勇公班第曾孙。嘉庆二十二年(1817)进士。道

		弁兵丁吸食鸦片。
1840	道光十九年	十二月初一日,调邓廷桢为两江总督,林则徐为两广总督,**裕谦**为江苏巡抚。
1840	道光十九年	十二月初一日,林则徐奉旨布告,正式封港,永远断绝与英国贸易。
1840	道光十九年	十二月初四日,英舰"窝拉疑"号宣布,自十二月十一起,封锁广州口岸。
1840	道光十九年	十二月十二日,**英维多利亚女王**在议会发表侵华演说。

光六年(1826),出为湖北荆州知府,始改今名。历官江苏巡抚,署两江总督。道光二十年,英军侵占定海,赴江南筹防。上疏劾琦善五大罪,主张抗战。次年,代伊里布充钦差大臣,赴浙江办理军务,实授两江总督。督军镇守镇海,镇海失陷,投水殉职。被救至余姚而卒。

维多利亚女王(Queen Victoria, 1819—1901) 英国在位时间最长的君主。肯特公爵爱德华之女。1837年(道光十七年)即位。即位后,积极参与朝政,倾向于辉格党人,与内阁多次发生争斗,但一再受挫。曾积极支持发动侵华战争。在位后期,与内阁的关系趋向缓和,并开始转向保守党。1876年(光绪二年),成为印度女皇。她在位期间,特别是1851年(咸丰元年)以后,历史上被称为维多利亚时期。此间正值英国资本主义由方兴未艾臻于鼎盛之时,故她往往被视为

1840—1840

1840	道光十九年	十二月十七日，调云贵总督伊里布为两江总督，邓廷桢为云贵总督。
1840	道光十九年	十二月二十二日，命吏部右侍郎**祁寯藻**、刑部右侍郎黄爵滋驰赴福建查办**海口事件**。
1840	道光十九年	十二月二十二日，调邓廷桢为闽浙总督。

英国和平与繁荣的象征。

祁寯藻（1793—1866） 字叔颖，一字实甫，号春圃、间叟、息翁，山西寿阳人。嘉庆十九年（1814）进士。道光元年（1821），值南书房，得道光信任。历任通政司副使、光禄寺卿、内阁学士等职。道光十九年并鸦片战争中，两度奉命赴福建查办海防及禁烟事。二十一年，以户部尚书入值军机。文宗即位，拜大学士，一度领枢务。反对肃顺等印纸钞、铸大钱。咸丰四年（1854），以疾告归。穆宗即位，疏陈时政六事，命以大学士衔授礼部尚书。同治三年（1864），因疾致仕。平生倡导朴学，屡荐人才，颇具声威。著有《马首农言》等。

海口事件 由于广东严禁鸦片，而福建与广东水陆接壤，故英船多来此寄泊。一些水师员弁收受贿赂，以哨船代为交易和运送鸦片至各处销售。以致虽然广东严厉查禁，而内地鸦片贩卖仍然盛行。

旗昌洋行（Russell & Co.） 中国最早的美资商行。嘉庆二十三年（1818），美商沙墨尔·罗塞尔（Samuel Russell）在广州创办了罗塞尔公司，俗称老旗昌，道光四年（1824），改名旗昌洋

		1840—1840
1840	道光十九年	十二月二十八日,林则徐从美国旗昌洋行购买英船**甘米力治号**,将其改装为兵船。
1840	道光二十年	正月十一日,皇后钮祜禄氏病逝。
1840	道光二十年	正月十八日,英政府任命**懿律**和义律为侵华正副全权公使,并任命懿律为侵华英军总司令。

行。经营鸦片走私和为美国与欧洲的公司代办在中国的推销和采买。鸦片战争后,其势力逐步扩张到各通商口岸,业务范围也不断扩大,除经营进出口贸易外,还建立航运公司、码头、仓库,并开办机器缫丝和焙茶工厂,成为19世纪美国在华最大的工商业企业。其旗下的轮船公司(即上海轮船公司)曾一度垄断长江航运。光绪十七年(1891),该行业务清理结束。

甘米力治号(Cambridge) 英船只名,又称Chesaprake,原为英国商船,排水量一千二百吨。林则徐买来后,将其改造为兵船,装炮三十四门,均为英制。

懿律(Admiral George Elliot, 1784—1863) 英国人,贵族出身,义律之堂兄。十岁入海军见习,1800年(嘉庆五年),升少佐,历任指挥、海军部秘书、海军委员会委员等职。1837年(道光十七年),晋好望角舰队总司令。道光二十年正月十八日(1840年2月20日),被任命为侵华军总司令和谈判全权公使。鸦片战争爆发后,率英舰北上,攻占定海,并侵犯大沽,胁迫清政府议和。11月,退回澳门,因病辞职回国,旋退休。1853年(咸丰三年),授海军大将衔。后死

1840—1840

1840	道光二十年	正月十八日，议定《广东整饬洋务章程》。
1840	道光二十年	二月二十六日，林则徐得悉英国兵船来粤，命令水陆兵弁加紧操练，加意严防。
1840	道光二十年	三月初六日至初八日，英国议会下院就对华战争问题展开辩论，最后以二百七十一票对二百六十二票的微弱多数，通过了侵华提案。
1840	道光二十年	四月初九日，英国议会上院通过侵华提案。
1840	道光二十年	四月十一日，以上年云南猛缅厅回汉互斗，致毙回民多命，命云贵总督桂良核实办理。
1840	道光二十年	四月十五日，道光谕邓廷桢等，海防之要，

于伦敦。

广东整饬洋务章程 清廷面对形势变化，为更好处理局势而制订的章程。主要内容有：（一）严禁烟土，洋商如夹带分毫，即将其及保办洋商一并斥革治罪；（二）饬令洋商，令其通事、买办等逐层担保，如有营私舞弊者，惟保人是问；（三）现已停止英国贸易，不准英人住省，其他各国贸易之人，除酌留一两人外，余皆勒令遵例依期回国；（四）裁撤原额设舢板七只，各国洋人进省，及寄信往来，均令另雇民艇，赴各炮台隘口验明；（五）洋人所带洋银，务令以银易货，不使余剩带回。

李承霖 江苏丹徒（今镇江市）人，道光二十年（1840）庚子科状元，授翰林院修撰。道光二

1840—1840

		首在严办汉奸。
1840	道光二十年	四月二十一日,福建水师炮击穿山与虎屿洋面英国烟船,擒黑人两人。
1840	道光二十年	四月二十五日,赐**李承霖**等一百八十人进士及第出身有差。
1840	道光二十年	五月初九日,广东水师提督关天培火攻英船于磨刀洋,烧毁英国小船十一只。
1840	道光二十年	五月十一日,从林则徐请,准广东行商捐缴银两,藉供筹办军费。
1840	道光二十年	五月二十二日,由英东印度舰队司令**伯麦**率领的侵华"**东方远征军**"抵达澳门外海。

十三年,出任广西乡试正主考,旋坚简广西学政,回京后,迁侍讲学士,值上书房。后丁母忧回籍,绝意仕进,居乡不出。生平自奉俭约,好施与,遇地方要举,力任其难。年八十三,卒于乡。

伯麦(Commodore James John Gordon Bremer, 1786—1850)

英国海军将领。1802年(嘉庆七年),卒业于朴茨茅斯皇家海军学校。1816年,升任舰长。1839年(道光十九年),晋英国海军东印度舰队司令。次年,率领"东方远征军"来华,发动鸦片战争,参与攻占定海之战。11月,懿律辞职后,临时署理侵华英军总司令之职至1841年8月。因侵华有"功",加爵士衔。

东方远征军 鸦片战争中,英国派往中国作战的军队。道光十

1840	道光二十年	五月二十九日，英舰封锁广州珠江海口，**鸦片战争**正式爆发。
1840	道光二十年	五月二十九日，懿律自南非到达广州。
1840	道光二十年	六月初二日，懿律率英舰主力离粤北上。同时，留舰五艘继续封锁珠江口。

九年（1839），英内阁通过侵华议案后，于次年初任命懿律为侵华英军总司令。这支军队拥有舰船四十八艘（其中军舰十六艘，武装汽船四艘，运输船二十八艘），大炮五百四十门，士兵四千人。道光二十年五月二十二日（1840年6月21日），该军主力抵达澳门，不久，就对中国发动了第一次鸦片战争。

鸦片战争 英国发动的侵华战争。因由鸦片走私贸易引起，史称鸦片战争，又称第一次鸦片战争。英政府为了维护罪恶的鸦片贸易，迫使清政府打开国门，悍然发动武装侵华战争。道光二十年五月二十九日（1840年6月28日），战争正式爆发。战争大体可分成三个阶段：（一）是时起至年底义律公布《穿鼻草约》。战争爆发后，英军北上，七月，攻占定海，并继续北犯大沽。致道光派琦善赴广州议和，并撤办林则徐等人。（二）道光二十一年（1841）正月，清政府正式宣战起，至四月《广州和约》的签订。道光派宗室奕山率兵赴广州抗击英军，奕山轻率进攻，结果损兵失地，被迫签订《广州和约》。（三）七月，英军再犯厦门起，至次年七月《南京条约》的订立。英国不满足已有战果，再起战

1840	道光二十年	六月初四日，英舰布朗底号进入厦门港口。
1840	道光二十年	六月初五日，英欲上岸递交《**巴麦尊子爵致中国钦命宰相书**》，不准，双方交火，相持三时，英舰逸去。
1840	道光二十年	六月初七日，英军攻占定海县城，知县**姚怀祥**、**典史全福**等死之。

事，七月起，连陷厦门、定海、镇海、宁波等城。道光再派宗室奕经赴浙江防剿，结果大败。英军再陷吴淞、镇江，进逼南京。迫使清政府签订了不平等的中英《南京条约》，战争结束。从此，中国的国门开始逐步洞开。

巴麦尊子爵致中国钦命宰相书 也即当时英国政府给中国政府的外交照会。该文件除为英商贩卖鸦片辩护、指责林则徐等的种种"罪责"外，主要向清政府提出了英国战争要求：赔偿"货价"（指被销毁的烟价），偿还倒闭行商所欠英商的银款，割让一处或数处岛屿，中英平等外交，赔偿远征军军费等。

姚怀祥（？—1840） 字斯征，号履堂，福建侯官人。嘉庆二十三年（1818）举人。道光十五年（1835），大挑一等，分发浙江补知县，权象山、龙游等县。二十年，署定海县。鸦片战争爆发后，英军于六月初六日（1840年7月4日），闯入定海水域，致书限期献城投降。他严辞拒绝，知其不可为而为之，积极布防，领兵死守。次日，英军攻城，城破，负伤无援，投水殉国。

典史 官名。元代始设，清沿明制置。为知县属官，掌一县之稽检狱囚诸事。每县一人，不入

1840	道光二十年	六月二十二日,以英军犯定海,命福建提督余步云星夜驰往会剿。
1840	道光二十年	六月二十八日,以英军攻陷定海,命沿海各将军督抚提镇加意防堵并严密查拿接应汉奸。
1840	道光二十年	六月三十日,英舰封锁宁波及长江海口,北上天津。
1840	道光二十年	六月,英军进攻澳门,被击退,林则徐增派兵员屯驻澳门。
1840	道光二十年	七月初八日,以**刘韵珂**为浙江巡抚。
1840	道光二十年	七月初九日,命两江总督伊里布为钦差大臣,

流,位次在县丞、主簿之下。若某县不设县丞、主簿时,由其兼领其事。

全福(1802—1840) 字筹五,甘肃武威人。为人刚直,干事明快。英军攻破定海后,他视死如归,一人衣冠端坐县署,敌至,拔刀拍案大骂,誓死杀敌,当场砍毙一人,以身殉国。

刘韵珂(?—1864) 字玉坡,山东汶上人。由拔贡授刑部七品小京官。道光八年(1828),出为安徽徽州知府。历道员、按察使、布政使等职,二十年,擢浙江巡抚。鸦片战争爆发,设海防,收难民,反对琦善以香港易还定海,力荐伊里布可当大用,上疏陈浙事有十可虑。《南京条

		赴浙江宁波相机剿办，裕谦署两江总督。
1840	道光二十年	七月十六日，诏允直隶总督琦善收受英人所投公文。
1840	道光二十年	七月十九日，邓廷桢奏称我**师船**难敌船。
1840	道光二十年	七月二十三日，道光帝批答英公文，诏琦善转告英人，允重治林则徐罪，并派遣钦差大臣赴粤查办。
1840	道光二十年	七月二十四日，林则徐奏报续获鸦片烟犯，被斥之为空言塞责。
1840	道光二十年	八月初四日，中英双方在**大沽口南岸会谈**。

约》签订后，投书耆英，建议各处海口仍需设防等。二十三年，擢闽浙总督。三十年，咸丰即位，以病罢。后坐事辞职。

师船 清水师战船之专称。鸦片战争前，清军水师额定外海大小战船约近九百艘，但实际能参加战斗的不足半数。战船船身小，吃水浅，根本无法涉洋远航。吨位基本都在三百五十吨以下。通常仅装有二或四门大炮，炮位固定，无法移动，且没有瞄准设施。战斗力甚差。

大沽口南岸会谈 英国舰队抵达天津大沽白河口外后，就向清政府递交了巴麦尊函，双方开始接触。至是，懿律派义律与马礼逊及随从十余人至大沽口南岸会

1840—1840

1840	道光二十年	八月初五日,广东水师**副将陈连陞**在磨刀洋击败英留粤军舰。
1840	道光二十年	八月十八日,琦善照会懿律,劝令返粤,即派遣钦差大臣前往办理一切。
1840	道光二十年	八月十九日,懿律率舰队自白河口南下。
1840	道光二十年	八月二十至二十三日,英舰闯入慈、余姚近海,被清军生俘二三十人,其中包括陆军上尉宴士打剌打厘(P. Anstruther)、海军上校助治爹利(Douglas)等。
1840	道光二十年	八月二十二日,谕令沿海督抚不得对南返英军开火。

谈。中方出席者为琦善、白含章及随从等亦十余人。会谈中,义律坚持请琦善就巴麦尊函中所提条款上签字,琦善据照会宗旨,逐条驳回。会谈进行了两日,并未取得实际的结果,但双方通过会谈加深了对对方要求的了解,并同意继续商谈。

副将 武官名。始于宋,后代沿置。清为绿营军武职,秩从二品。隶于提督和总兵,可充"协"的领兵官,统理一协之军务,一般驻守于各省险要或城镇,故又称协镇、协台。另有为总督综理军务的称督标中军,漕运总督和河道总督之下亦设,掌理催护粮船等事。下辖参将、游击、都司等。

陈连陞(1775或1778—1841) 湖北鹤峰人。行伍出身,以

1840	道光二十年	八月二十二日，命琦善为钦差大臣，赴广州办理对英事宜。
1840	道光二十年	九月初三日，命将林则徐、邓廷桢交部严加议处，以琦善署理两广总督。
1840	道光二十年	九月初七日，伊里布与义律在**镇海会议**交还定海和释放英俘事宜。
1840	道光二十年	九月初八日，林则徐、邓廷桢被革职。
1840	道光二十年	九月二十八日，命福建减撤水勇，以省军费。
1840	道光二十年	九月，英军中疫病流行，四百余人死亡，一千五百人染疾。

功累迁广东增城营参将。道光十九年（1839），击退盘踞官涌之英军，擢三江口副将，调守沙角炮台。二十年十二月，英军再起战事，进攻沙角等炮台。与其子武举陈举鹏及官兵六百人奋起抗击，孤军苦战阵亡。

镇海会议 鸦片战争期间，清浙江当局与英方举行的会谈。自英军陆军上尉宴士打剌打厘、海军上校助治爹利等人被俘后，英军官伯麦、懿律等人先后来文要求释放英俘。道光二十年九月初七日（1840年10月2日），义律带领英官员马礼逊等二人，赴镇海与伊里布、福建提督余步云和浙江提督祝廷彪等人会晤，商谈交还定海和释放战俘事宜。伊里布提出，若能归还定海，俘囚必定全部释回；而义律则坚持，交回定

1840—1840

1840	道光二十年	十月初三日，江苏撤退防兵。
1840	道光二十年	十月十三日，懿律在浙布告，宣布已与伊里布订立**浙江休战协定**。
1840	道光二十年	十月十四日，懿律偕义律率舰队到达天津白河口。
1840	道光二十年	十月十九日，定海英军半数南撤，随后，浙江防兵亦酌撤。
1840	道光二十年	十一月初六日，琦善到达广州。
1840	道光二十年	十一月初六日，懿律因病辞职返国，伯麦继任英军统帅，外交事务则由义律接管。

海一事，当俟英俘释回之后从缓商办。双方各执己见，未果而散。

浙江休战协议 镇海会议以后，伊里布又多次派人至英军营地会商定海和战俘等事宜。至是，双方订立协议。主要内容为：中英双方停止军事行动，浙江政府不禁止民众供给英军所需物资。英军不得逾舟山及附近诸小岛（包括摘若山、长白山、长涂山、普陀山等）范围以外。交还定海和释放俘虏之事，暂缓办理。因事前伊里布并未得到道光授权，属私自订约，故并未奏闻。协定订立后，英军一半兵力南撤。

议和条件十四项 此为英人在鸦片战争中第一次提出的正式要求，亦为英国发动侵华战争预定目的。声言，若不满足所提条款，即派兵攻打虎门、香山等处。主要内容是：赔还鸦片烟价及兵费；偿清各洋商欠债；英国

1840	道光二十年	十一月十一日，琦善接任两广总督。
1840	道光二十年	十一月十一日，义律向琦善提出**议和条件十四项**。
1840	道光二十年	十一月二十四日，琦善照会义律，答应赔偿烟价六百万元，广州之外，再开港一处。
1840	道光二十年	十一月二十六日，英国大小兵船、火轮船二十余只，抛锚穿鼻洋。
1840	道光二十年	十一月二十八日，湖广总督**周天爵**以创设酷刑，惨毙多命，被革职。
1840	道光二十年	十二月初三日，谕令琦善拒绝英人要求，并命沿海将军督抚随时体察，严加防范。

人递禀必封呈上大皇帝；要大码头一处，永远居住，如澳门样式；开福建、浙江、江苏、天津等处地方贸易码头六处；在北京城建造英馆；英人在贸易码头犯事，由英官自行治罪；新定贸易码头，俱任建造教堂；贸易不要洋商经手；额定出口税银；额减各贸易船只使费。

周天爵（1772－1853） 字敬修，山东东阿人。嘉庆十六年（1811）进士。少以艰苦自立，及为官，尽心民事，廉介绝俗，用事严猛。历官知县、知府、布政使、漕运总督等职。道光十九年（1839），擢湖广总督，以驭吏严，多怨者，被劾滥用非刑，褫职，遣戍新疆。二十二年，起复，后署漕运总督，又因滥刑及失察漕书私镌关防，令休致。咸丰元年（1851），再起复，以总督衔督兵征剿太平军，不利，解

1840—1841

1840	道光二十年	十二月初七日，调四川、湖南、贵州兵四千人赴粤，听候差遣。
1841	道光二十年	十二月十二日，调福建提督余步云任浙江提督。
1841	道光二十年	十二月十三日，伯麦照会琦善，以动武相威胁。
1841	道光二十年	十二月十五日，英军再次发动攻击，广州**大角、沙角炮台失陷**，陈连陞父子死难。
1841	道光二十年	十二月十六日，琦善请和，英军停战。
1841	道光二十年	十二月十八日，琦善照会义律，允给予**香港岛**。

军务回京。三年，任安徽巡抚，督兵皖北镇压捻军，卒于军。

大角、沙角炮台失陷 由于英方提出的议和条件没有为琦善全部答应。道光二十年十二月十五日（1841年1月7日），英军司令伯麦率大小兵船二十余只，将士一千五百多人，兵分两路，对虎门炮台的第一重门户大角、沙角炮台发起攻击。两炮台守将副将陈连陞和千总黎志安等均率官兵奋勇迎敌，拚死抵抗。但终因战备、兵力均不足以与敌军抗衡，两炮台相继失陷，陈连陞、黎志安等二百七十七名官兵战死，另有五人重伤而死，四百六十二人受伤。英军则伤亡三十八人。

香港岛 中国南海上一小岛，位于广州东南约一百三十公里处，面积七十五点六平方公

1841	道光二十年	十二月二十日，谕令琦善乘机痛剿，勿畏难苟安。
1841	道光二十年	十二月二十四日，义律照会琦善，允一面接受香港，一面归还定海、大角、沙角。
1841	道光二十年	十二月二十五日，调安徽、湖北、湖南兵赴浙江。
1841	道光二十年	十二月二十六日，琦善照会义律，承认一切条款。
1841	道光二十年	十二月二十九日，义律宣布已与琦善签订初步协定，即《**穿鼻草约**》。

里。早在六千多年前的新时器时代，就有人类在此活动。自古为中国的领土，唐代起，中国政府开始在此驻军，宋元以后，内地居民迁居者日众，至明末清初，岛上的香港村已成为东莞等地所产沉香的主要出口地。清代隶属于广州府新安县（今深圳市）。鸦片战争后，割让给英国。1997年收归中国。现为中国香港特别行政区的三个组成部分之一。

穿鼻草约 又称《川鼻草约》。鸦片战争期间英国对华谈判全权公使义律单方面公布的议和草约。道光二十年十二月（1841年1月），英军攻占大角、沙角炮台后，琦善便派人与英方议和。十二月二十九日（1841年1月21日），义律在琦善只是同

1841—1841

1841	道光二十年	十二月二十九日，英军退出大角、沙角炮台。
1840	道光二十年	是年，著名学者**俞正燮**故世。
1841	道光二十一年	正月初四日，英军强占香港岛。
1841	道光二十一年	正月初五日，闻英军攻占大角、沙角两炮台，道光帝愤怒异常，下诏**对英宣战**，并命将琦善交部严议，革去关天培顶带，戴罪立功。
1841	道光二十一年	正月初五日，琦善和义律会于狮子洋莲花山，密商"善定事宜"。

意将义律的请求"代为恳奏"的情况下，单方面宣布双方已达成协议。因双方的会谈在穿鼻洋举行，故名。内容主要有：（一）割让香港；（二）赔偿烟价六百万银元；（三）中英平等外交；（四）广州恢复中英贸易；（五）英军退出大角、沙角炮台。对该草约，琦善最终并未签字，清朝廷也未予承认。但英军以此为据于次年初强占了香港岛。

俞正燮（1775—1840） 字理初，安徽黟县人。道光元年（1821）举人。好读书，性强记，经目不忘。其博学多才，平生自治经外，于史学、诸子、天文、舆地、医方、星相以及佛道之学，无不探究，尤擅长考据，淹博居当时之冠。且论事有识，反对自古重男轻女之见。晚年主讲江宁惜阴书院。著有《癸巳类稿》、《癸巳存稿》、《说文部纬校补》和《海国纪闻》等。

对英宣战 虎门大角、沙角炮台

1841	道光二十一年	正月初八日,谕令御前领侍卫内大臣奕山为靖逆将军,户部尚书**隆文**、湖南提督杨芳为参赞大臣,驰赴广东督办军务。当日及此后,陆续增调各省兵一万六千余人赴广东备调遣。
1841	道光二十一年	正月十五日,命伊里布仍乘隙进剿。
1841	道光二十一年	正月十九日,以伊里布畏葸,命回两江总督任,命裕谦为钦差大臣,驰赴浙江,会同余步云专办攻剿事宜。

失陷的奏报递达北京后,道光异常愤怒,严辞责问琦善、关天培等。并于道光二十一年正月初五日(1841年1月27日)颁谕中外,对英宣战。该上谕,首先谴责英军的种种侵略罪行,命伊里布克日进兵,收复定海,并令琦善"激励士卒,奋勇直前,务使逆夷授首,槛送京师,尽法惩治"。同时谕令沿海省份将军、督抚加意巡查,发现英船靠近则攻击之,"并晓谕官民人等,人思敌忾,志切同仇,迅奏肤功,共膺上赏"。

隆文(?—1841) 伊尔根觉罗氏,字存质,号云章,满洲正红旗人。嘉庆十三年(1808)进士,累擢内阁学士。道光中,充驻藏大臣,历吏部、户部侍郎,左都御史,刑部、兵部尚书,军机大臣等职。屡奉使外出审理狱案。道光二十一年(1841),鸦片战争时,以参赞大臣的身份随奕山赴广东督师抗英,二人意不

1841	道光二十一年	正月二十一日，义律琦善约定十日后，俟英军交还定海，正式签约。
1841	道光二十一年	正月二十四日，谕令奕山，无论英人是否交还定海，皆当一意进剿，香港地方绝不容许英人占据。
1841	道光二十一年	正月二十九日，以琦善称病不肯签约，义律宣布琦善无诚意，即令兵船向虎门进发。
1841	道光二十一年	二月初三日，英舰驶入虎门附近之三门口，焚毁盐关，中英冲突又起。
1841	道光二十一年	二月初三日，**张禧**根据协议，至定海释放英俘。
1841	道光二十一年	二月初五日，英军交还定海。

相合。后战事失利，被迫签订《广州和约》，忧愤而卒。

张禧 又作张喜，一名士淳，字小沧。直隶天津人。曾为掾吏。道光十七年（1837），充云贵总督伊里布家丁。十九年，伊里布调任两江总督，随至任所，渐获宠信。鸦片战争中，定海首次陷落后，他曾受命率员弁赴定海，以牛酒犒赏英军。此后，又多次传递与英军交涉文书，探听英军动静。二十一年，伊里布被革职，他亦归籍闲居。次年六月，伊里布起复后，他亦再被召至镇江、南京，与英军联络，议和过程中，负责与英方传话。著有《探夷说帖》、《抚夷日记》。

虎门之役 鸦片战争中的著名战

1841	道光二十一年	二月初五日，以伊里布督办浙江军务期间并不实心进剿，著交部严议，并谕令裕谦一鼓作气，勿事迟回。
1841	道光二十一年	二月初六日，英军发动攻击，**虎门之役**打响，炮台陷落，守将关天培等阵亡。
1841	道光二十一年	二月初六日，以琦善违旨媾和，擅割香港，令革职锁拿，押解来京严讯，并藉没家产。以祁𡎴为两广总督。
1841	道光二十一年	二月初七日，英军攻陷乌涌炮台，总兵**祥福**战死。此后至二十六日，瀛洲炮台、猎德炮台、二沙尾炮台、大黄滘炮台、湖州炮台、沙涌炮台和凤凰冈炮台等七炮台相继失陷。

役。道光二十年十二月（1841年1月），英军攻陷沙角、大角炮台后，琦善多次派人或亲自与英方商谈和议，后因道光对英宣战，琦善未敢和义律签约。英军便于二十一年二月向虎门诸炮台发动攻击，提督关天培率部固守横档、永安、靖远、镇远、威远等炮台。初五日，英军从横档登陆，次日，关天培率官兵在靖远炮台抵抗，壮烈战死，虎门失陷。英舰驶入珠江，进逼广州。

祥福（？－1841） 玛佳氏，满洲正黄旗人。由亲军累擢湖南宝庆协副将。从提督罗思举征剿江华瑶乱有功，历绥靖、宁夏、镇筸诸镇总兵。道光二十年（1840），率本镇兵援广东。二

1841–1841

1841	道光二十一年	二月初九日,英新任陆军总司令**郭富**率援军自印度抵达黄埔。
1841	道光二十一年	二月十三日,杨芳到达广州,主持军务。
1841	道光二十一年	二月二十三日,以虎门炮台失手,命四川提督**齐慎**为参赞大臣,驰赴广州会剿。
1841	道光二十一年	二月二十六日,英军进入广东内河,直逼广州。
1841	道光二十一年	二月二十八日,杨芳与义律达成**《休战贸易协定》**,广州恢复通商。
1841	道光二十一年	三月初九日,伯麦回抵加尔各答,向印度总

十一年,守乌涌炮台,与虎门同时陷落,祥福力战而死。

郭富(General Sir Hugh Gough,1779－1869) 一译卧乌古。爱尔兰人。1809年(嘉庆十四年)后,随威灵顿在葡萄牙、西班牙对拿破仑作战,1830年(道光十年),晋升少将。1837年,驻印度,任英军兵团长。1841年初,被任命为侵华陆军司令,率援军于二月初九日(1841年3月1日)抵达广州。中英《南京条约》签订后,以"功"晋男爵。旋返印度,任印度陆军总司令。1849年,晋子爵。

齐慎(？－1844) 河南新野人。嘉庆初,以武生率乡团打击川陕楚白莲教起义军,后投身行伍,转战三省,以勇闻,累擢至陕安镇右营游击,深得杨遇春器

		督报告广东军事,并请增援。
1841	道光二十一年	三月二十日,英外相巴麦尊得悉《穿鼻草约》,极为不满。
1841	道光二十一年	三月二十三日,奕山、隆文、祁墳等到达广州。
1841	道光二十一年	三月二十五日,赏林则徐四品顶带,驰赴浙江协办海防事务。
1841	道光二十一年	三月二十九日,诏促奕山等进兵。
1841	道光二十一年	闰三月初十日,英政府以义律索益太少,召回义律,改派**璞鼎查**为全权大臣兼贸易监督。

重。嘉庆十八年(1813),从杨遇春征讨滑县天理教起义,以功赐号健勇巴图鲁,擢副将。历西安、陕安两镇总兵。道光元年(1821),擢提督,历甘肃、四川两省。二十一年,命率川兵五百赴广东参赞靖逆将军奕山军务。次年,命赴浙江会办扬威将军奕经军务,先驻上虞,再移防江苏镇江。英兵来犯,力战却敌,城陷,退守新丰。被夺职留任,回四川。二十四年,卒于任。

休战贸易协议 杨芳与义律达成的停战协议。道光二十一年(1841)二月初,英军攻占虎门后,于二十六日(1831年3月18日)驶入珠江,直逼广州。同日,义律向杨芳发出照会,提出只要发布告示优待外国人和恢复通商,英军将撤军,并停止军事行动。

1841—1841

1841	道光二十一年	闰三月十三日，命伊里布来京，补授裕谦为两江总督，调**梁章钜**为江苏巡抚。
1841	道光二十一年	四月初一日，**奕山夜袭英军**，分兵三路。
1841	道光二十一年	四月初二日，英军大举反攻，进逼广州。

二十八日（1831年3月20日），杨芳派余保纯送去照会，同意义律所提条件，与怡良联衔出具告示，准各国商人一体进埔贸易。

璞鼎查（Sir Henry Pottinger, 1789—1856） 英国外交官。十二岁加入海军，1803年（嘉庆八年），随军至印度，前后长达四十年之久。是时，取代义律，成为英国侵华全权代表。抵达中国后，督率英军进行侵华战争，先后攻占厦门、定海、镇海、宁波、吴淞、上海、镇江等，于1842年8月（道光二十二年六、七月），兵临南京江面，迫使清廷钦差大臣耆英等与之签订了中英《南京条约》。因"功"加爵士衔。后于1843至1944年间任香港殖民政府第一任总督，并再任好望角总督和印度马德拉斯总督。

梁章钜（1775—1849） 字闳中，一字茝林，晚号退庵，福建长乐人。嘉庆七年（1802）进士。历任军机处章京、礼部员外郎、荆州知府、山东按察使、江苏和甘肃布政使、广西和江苏巡抚、署两江总督等职。用人理财，颇称干练。主张严禁鸦片，同林则徐友善，曾积极支持其禁烟。道光二十二年（1842），以病辞官归里，从此不出，专意著述。生平博涉坟典，著述宏富，有《浪迹丛谈》、《浪迹续谈》、《浪迹三谈》、《归田琐记》、《枢垣纪略》、《三国志旁证》、《文选旁证》和《称谓

1841–1841

1841	道光二十一年	四月初六日，广州城上竖起白旗，奕山派广州知府**余保纯**乞降，战事暂停。
1841	道光二十一年	四月初七日，《广州和约》签订。

录》等七十余种。

奕山夜袭英军 鸦片战争期间清军对英军的反攻。道光二十一年（1841）三月，奕山等到达广州后，在道光帝一再催促下，开始准备对英一战。义律了解情况后，决定先下手为强，于闰三月下旬，乘河水盛涨之际，命英兵船连樯驶入省河。四月初一日（1841年5月21日）夜，奕山在战事准备极不充分的情况下，仓促下令，谴四川、湖南水勇官兵一千七百余人，分兵三路，从西炮台、东炮台、泥城三地出发，以火攻的方式突袭停泊在白鹅潭上英船。结果只是给英军造成很轻微的打击。次日，英军反攻，水勇溃退，奔入洋馆，将其洗劫一空。

余保纯 字冰怀，江苏武进（今常州）人。嘉庆七年（1802）进士。历任广东高明、番禺知县，南雄知州。道光十九年（1839），随林则徐在广东查禁鸦片。二十一年，署广州知府，曾奉琦善之命至黄埔与义律议和。四月初六日（1841年5月26日），因英军兵临广州城下，再次受奕山命出城向英军乞和。随即达成《广州和约》。广州城北三元里民众抗击英兵，围困英军于泥城四方炮台。又受命前往驱散群众。八月，主持科举院试，考生愤其媚外，大呼"不考余汉奸试"而罢考。后被革职。

广州和约 鸦片战争中钦差大臣奕山和英国全权公使义律在广州

1841—1841

1841	道光二十一年	四月初九日，**三元里民众抗英斗争**发生。
1841	道光二十一年	四月十一日，巴麦尊训令璞鼎查，再占舟山，要求赔款，增开口岸。
1841	道光二十一年	四月十六日，**奕山、隆文退出广州**，屯驻金山。
1841	道光二十一年	四月十八日，英军撤出虎门，聚集香港。
1841	道光二十一年	四月二十五日，赐龙启瑞等二百零二人进士

订立的休战协定。道光二十一年四月初七日（1841年5月27日）在广州订立，故名。双方议定：奕山及外省军队六日内退出广州城六十英里外；一周内，向英国赔款六百万元，当日先交一百万元；英军仍驻原地，待赔款付清后，英军撤出虎门及横挡以外；一周内偿清毁坏洋行等之损失。条约签订后，奕山讳败为胜，骗取了朝廷的批准。

三元里民众抗英斗争 鸦片战争中广东民众自发的抗英斗争。道光二十一年四月初九日（1841年5月29日），盘踞在四方炮台的小股英军窜至广州城北的三元里滋扰，受到当地群众韦绍光等的抗击，毙伤英军数人。为防止英军报复，三元里民众组织附近一百零三乡民众在村北北帝庙集会，誓师抗击英军。次日，五千义勇进攻四方炮台，边战边退，引诱千余英军至牛栏冈丘陵地，将其分割包围，展开肉搏，适值天大雨，英军遭受重创，陆军少校毕秋（Beecher，或译"毕霞"）死之，数十人伤亡。英军退回四方炮台。民众冒雨追击并包围炮台。又次日，由于广州知府余保纯等人的"劝解"，村民渐次散

		及第出身有差。
1841	道光二十一年	四月二十九日，从奕山之请，允英人通商。
1841	道光二十一年	四月二十九日，伯麦自印度返回香港，任英副全权大臣。
1841	道光二十一年	五月初八日，祁墳颁布告示，赞誉**昇平社学**爱国之举。

去，英军围解。

奕山、隆文退出广州 为执行《广州和约》而采取的行动。根据和约规定，奕山及外省军队六日内退出广州城六十英里外。不过奕山等在执行时打了折扣，一是只有部分军队退出广州，二是退驻地点金山寺拒广州仅六十里，而非六十英里（约二百里）。英方因补给困难、当地民众反抗和军营疫病流行等原因，对此并未深究，而如期撤军。

龙启瑞（1814—1858） 字翰臣，广西临桂（今桂林）人。道光二十一年（1841）辛丑恩科状元，授翰林院修撰。道光二十四年，充广东乡试副考官。二十七年，升侍讲，提督湖北学政。任间，励实学，除弊窦，以匡正文风世俗为要旨。咸丰元年（1851），奉命督办广西团练，历任侍讲学士、通政司副使、江西学政、江西布政使。卒于任。平生博学多才，尤于音韵之学颇有建树。著有《古韵通说》《尔雅经注集证》、《经德堂集》等。

昇平社学 鸦片战争时期广东民众的抗英组织。道光二十一年（1841）夏，举人李芳等捐资联合广州城西北郊石井、怀清等十几

1841	道光二十一年	五月初十日,谕令林则徐革去四品卿衔,与邓廷桢均发往伊犁效力。
1841	道光二十一年	六月初八日,命革伊里布职,发往**军台**效力。
1841	道光二十一年	六月十一日,以奕山奏,**广东神庙显灵**,请给匾额,道光帝亲书"慈佑清海"匾额发往奕山。
1841	道光二十一年	六月十一日,以粤省洋务大定,令沿海各省酌撤调防官兵。

个旧有社学而建立。后有八十余乡民众加入。招募义勇,团练自卫。随着社学的发展,进士何玉书等又在江村设立昇平公所,作为乡勇集合操练的机构。二者连为一气,共有壮勇数万人,平时各务农工,有事则齐集守望。逐渐成为团结和组织群众进行抗英斗争的核心机构,曾多次掀起抗暴自卫和反对英人进城的斗争。

军台 即台。邮递交通机构。清代设于新疆、蒙古地区的驿站称为台,始于顺治四年(1647),专管西北西路军报和文书的传递,凡一百数十站。光绪年间,改台为驿。

广东神庙显灵 奕山达到广州,虽然军事上一败涂地,但却屡屡虚折讳败邀功。该次他奏称,在英军进攻广州的过程中,正欲开炮轰击城垣,粤秀山观音大士神像显灵,雷雨倾盆,扑灭火箭,冲浸汉奸洋人多名。在奕山的奏折中,广州未被攻破,不是乞和

1841	道光二十一年	六月十六日,河南**祥符三十一堡黄河大决口**。
1841	道光二十一年	六月十六日,琦善被处斩监候。
1841	道光二十一年	六月二十四日,璞鼎查到达澳门。
1841	道光二十一年	六月二十六日,璞鼎查照会广州当局,要求接受去年所提各款,否则带兵北上。
1841	道光二十一年	七月初三日,命林则徐折回**东河**效力赎罪。
1841	道光二十一年	七月初四日,命大学士**王鼎**驰往河南,督办黄河堵口工程。

的结果,而是因为神灵的庇佑、自己布防得当及官兵英勇抗击。

祥符三十一堡黄河大决口 此为道光年间黄河最严重的一次决口。道光二十一年(1841)入夏以来,连降大雨,黄河来源甚旺,至是,大水在河南祥符汛三十一堡地漫决。决口后,河水围困河南省城开封达八个月之久,并泛滥千里,注入洪泽湖、涡河、淮河。河南、安徽两省受灾严重,湖北、江苏、江西等省亦受影响。

东河 指河南境内的黄河。清初设河道总督一人,综理黄、运两河事务。雍正间,增设东河河道总督,督理山东、河南两省河道。乾隆以后,又改东河河道总督只辖河南境内黄河事务。故名。

王鼎(1768-1842) 字省厓,一字定九,陕西蒲城人。嘉庆元年(1896)进士。累迁内阁学士,历工部、刑部和户部侍郎。道光五年(1825),授军机

1841	道光二十一年	七月初九日，璞鼎查率英军北犯闽浙。
1841	道光二十一年	七月初十日，英军攻陷厦门，总兵**江继芸**等死难，闽浙总督**颜伯焘**退守同安。
1841	道光二十一年	七月十四日，孟保等奏闻，已通过掣签，选出**那木觉木多尔济**为达赖呼毕勒罕。
1841	道光二十一年	七月二十日，英军离开厦门向北驶向舟山。

大臣。次年，补户部尚书。十八年，拜大学士。为官清正刚直，屡外差提按刑狱，并奉命整顿两淮盐政，均有政绩。鸦片战争爆发后，支持禁烟，力主抗英。二十一年，祥符河决，命前往治理堵口事宜。荐举谴戍途中之林则徐襄办河工。堵口合龙后，晋太子太师。然则徐仍予谴戍，深感不公，还朝力争，未果。不久暴亡。

江继芸（？－1841） 福建福清人。由行伍拔补千总，累迁台湾副将。道光二十年（1840），署南澳镇总兵，总督邓廷桢荐其才，寻擢海坛镇总兵，调金门镇，从颜伯焘守厦门。二十一年七月初十日（1841年8月26日），英舰闯入厦门洋面，大举轰击厦门各炮台。清水陆师奋起防击，力战不支，陆军先溃，继芸急赴援，中炮落海而死。

颜伯焘（？－1853） 字鲁舆，广东连平人。巡抚颜希深之孙，总督额检之子。嘉庆十九年（1814）进士。历官甘肃、直隶布政使，陕西、云南巡抚，署云贵总督等职。于平定回乱中粮草之转运，改建滇池石闸、兴农田水利诸事，均有建树。道光二十年（1840），擢闽浙总督，屡上

1841	道光二十一年	七月二十八日，以英船突至福建，厦门失陷，命沿海各省严加防范。
1841	道光二十一年	七月二十八日，命广西按察使宝清往越南封越南新国王阮福暶。
1841	道光二十一年	八月初四日，命奕山、祁𡎸设法收复香港。
1841	道光二十一年	八月十二日，英舰闯入定海竹山门，定海总兵**葛云飞**开炮轰击。**定海保卫战**打响。

疏论战守，力主抗战。到任后不久，即移驻厦门，精心构筑海防工事。二十一年七月初十日（1841年8月26日），英军对厦门发动攻击，督师防击，不利，退守同安。随被革职。

那木觉木多尔济 克珠嘉措之乳名，藏传佛教格鲁派大活佛，第十一世达赖喇嘛。道光十八年（1838），生于四川泰宁惠远寺附近。道光二十一年五月，经金瓶掣签，被认定为第十世达赖喇嘛之转世灵童。次年四月，在布达拉宫坐床。二十六年，在拉萨大昭寺师从七世班禅受沙弥戒。咸丰五年（1855）正月，奉旨亲政，同年十二月，因病在布达拉宫圆寂。

葛云飞（1789－1841） 字雨田，又字鹏起，浙江山阴（今绍兴）人。道光三年（1823）武进士。历官守备、副将。十一年，擢定海镇总兵。鸦片战争爆发后，他在乡丁忧，夺情赴前线抗战。二十一年，与王锡朋、郑国鸿两位总兵同守定海，云飞负责镇守北边晓峰岭。八月十七日（1841年10月1日），英军对定海发动总攻，在另两镇台先后殉职情况下，他率亲兵持刀步入敌中血战，

1841—1841

1841	道光二十一年	八月十六日,台湾鸡笼发生**英船触礁事件**。
1841	道光二十一年	八月十七日,定海再度失守,葛云飞、**王锡朋、郑国鸿**三总兵阵亡。

身受四十余创,中炮牺牲。兼能文,著有《名将录》、《制械制药要言》、《水师缉捕管见》、《浙海险要图说》及诗文集。

定海保卫战 鸦片战争中的著名战例。鸦片战争爆发后不久,未作战事准备的定海首先被英军攻陷。后伊里布与义律达成协议,英军退出定海。清军接收后,加强对定海的布防,遣定海镇葛云飞、寿春镇王锡朋和处州镇郑国鸿三总兵督师五千余人进驻定海,构筑土城,严加防备。道光二十一年八月十二日(1841年9月26日),两只英舰闯入竹山门,清军发炮轰击,战斗打响。在随后的五天内,双方时有小规模战争发生。八月十七日(1841年10月1日),英军四五千人发动总攻,清军在三总兵的督率下,奋力抵抗,三总兵相继阵亡,定海再次陷落。

英船触礁事件 鸦片战争中发生在台湾的历史事件,共有两次。第一次发生于道光二十一年八月十六日(1841年9月30日)。当时英军运输船Nerbudda号由鼓浪屿开往浙江洋面,船上共载官弁兵丁水手二百七十四人。途中为风浪所阻,入避台湾鸡笼之万人堆洋面,忽触礁下沉,清当地守军乘机抓捕,共俘获印度和黑人一百三十三人。第二次发生在道光二十二年正月三十日(1842年3月11日),有英商船Ann号由舟山开往澳门,船上载有五十七人(内英美人十四、葡萄牙人四、中国人五、印度人三十四)。途经台湾

| 1841 | 道光二十一年 | 八月二十六日，英军揭开**镇海之战**，提督余步云不战而退，镇海陷落，裕谦殉职，总兵**谢朝恩**等阵亡。 |

大安港外洋，为清军伪饰渔船诱入，触礁沉船。四十九人被俘。

王锡朋（1786—1841） 字樵慵，顺天宁河（今属天津）人。嘉庆十三年（1808）武举。历官固原游击，宝庆协副将，汀州、寿春镇总兵。他儒雅善战，道光中，先后参加征讨张格尔叛乱及广东、湖南瑶乱之战，屡立战功。鸦片战争爆发，相继驻防吴淞、宁波，后偕葛云飞、郑国鸿等守定海，力战身死。

郑国鸿（1777—1841） 字雪堂，湖南凤凰厅（今凤凰）人。军人家庭出身，袭云骑尉世职。曾参与征剿苗乱之役，累擢至宝庆协副将。道光二十年（1840），升处州镇总兵。次年，率本镇兵一千二百人调防定海，负责驻守竹山门。八月十七日（1841年10月1日），在英军的猛烈攻击下，力战殉难。

镇海之战 鸦片战争中著名战役。英军攻陷定海后，稍事修整，即于道光二十一年八月二十六日（1841年10月10日），对宁波的门户镇海发起攻击。英军分三路进攻，大峡江南岸的金鸡山首先陷落，守将总兵谢朝恩血战阵亡。接着，北岸的招宝山亦被攻陷，提督余步云不战退回镇海县城。此前，裕谦见事不可为，已先期投水，被人救起直奔省城，中道而亡。余步云退回县城后，再次未作抵抗，逃至宁波。镇海城陷。

谢朝恩（？—1842） 四川华阳人。行伍出身，从将军德楞泰镇压川楚陕白莲教起义，积功至都

1841—1841

1841	道光二十一年	八月二十九日，**宁波失守**。
1841	道光二十一年	九月初四日，以镇海失守，命**奕经**为扬威将军，哈哴阿、**胡超**为参赞大臣，驰赴浙江督办军务。

司。累擢闽浙督标副将，从征台湾张丙乱。道光十四年（1834），擢狼山镇总兵。从伊里布防镇海。裕谦筹办浙江防务后，令守镇海金鸡岭。在八月二十六日（1841年10月10日）的镇海之战中，力战御敌，负伤落海阵亡。

宁波失守 镇海失陷后，宁波已无险可守。道光二十一年八月二十八日（1841年10月12日），英海军司令巴尔加等乘船溯涌江（大峡江）而上，对宁波进行战事侦查。浙江提督余步云见英军来犯，不战逃往上虞。八月二十九日（1841年10月13日），英舰八只载英军七百余人直犯宁波城，兵不血刃，占领宁波。

奕经（1791—1853） 字润峰，爱新觉罗氏，宗室，隶满洲镶红旗。成亲王永瑆孙，贝勒绵懿子。曾从征喀什噶尔，历官至黑龙江将军、吏部尚书兼步军统领、协办大学士。道光二十一年（1841），出任扬威将军，赴浙江督师，抗击英军。不懂用兵，迁延时日。次年二月，盲目出击，分三路反攻宁波、镇海等地，皆败，却谎报军情，掩败为胜。《南京条约》签订后，被革职。后再起，先后出任叶尔羌、伊犁、英吉沙尔等地领队大臣，参赞大臣，刑部侍郎兼副都统。

胡超（？—1849） 四川长寿人。早年读书应试不中，入伍。嘉庆初，川、楚、陕白莲教起事，率乡勇转战，以勇健名，累擢都

1841	道光二十一年	九月初五日，命**牛鉴**署两江总督。
1841	道光二十一年	九月初五日，释琦善，发往浙江军营效力。
1841	道光二十一年	九月初七日，授**文蔚**参赞大臣，驰赴浙江军营。胡超带兵驰赴天津。

司。十八年（1813），参与征讨林清起义。道光元年（1821），擢甘肃永昌协副将。六年，从杨芳赴回疆平定张格尔之乱，与段永福生擒张格尔于铁盖山。历署古北口、固原提督，授甘肃提督。二十一年，以浙江海防急，授参赞大臣赴援，未行，留防天津，逾年撤防归伍。二十六年，以西宁番乱，调援不力，褫职。

牛鉴（？－1858） 字镜堂，号雪樵，甘肃武威人。嘉庆十九年（1814）进士。道光十一年（1831），出为云南粮储道，历山东按察使、顺天府尹、陕西布政使、江苏布政使署巡抚。十九年，擢河南巡抚，于整顿吏治，疏浚河道，堵塞黄河祥符决口，赈济灾民等，均有政声。鸦片战争中，继裕谦为两江总督，偕陈化成筹治海防。二十二年五月，督兵与英军战于吴淞口，屡败退。后与耆英等合疏请准和议。战后被革职。咸丰中，在河南劝捐募勇，镇压捻军，以功加二品顶戴。以病乞归。

文蔚（？－1855） 费莫氏，字豹人，号露轩，满洲正蓝旗人。嘉庆二年（1797）进士。累擢至兵部、工部侍郎，兼副都统、内务府大臣。道光二十一年（1841），参赞奕经军务，赴浙江督师，抗击入侵英军。次年，协奕经组织反攻宁波、镇海之役，战于长溪岭，败回绍兴。事后追论失机，革职下狱。逾年，释出。咸丰

1841—1841

1841	道光二十一年	九月初八日，命**特依顺**代替哈哴阿为参赞大臣，赴浙江办理军务。
1841	道光二十一年	九月十二日，谕令沿海各处乡村，均宜自行团练乡勇，联络声势，保家卫国。
1841	道光二十一年	九月十三日，**英船再犯鸡笼**，被击退。
1841	道光二十一年	九月二十一日，英外相训令璞鼎查，中国未完全接受条件，不停止军事行动。索赔军费

初，历喀喇沙尔、哈密办事大臣，驻藏大臣，奉天府尹等职。

特依顺（？—1849） 他塔喇氏，满洲正蓝旗人，福州驻防。累迁协领。道光十三年（1833），从平台湾张丙乱，擢荆州副都统。历腾越镇总兵、密云副都统、宁夏将军。二十一年，以都统衔任参赞大臣，赴广东督师。寻命改赴浙江办理军务，驻守省城，任杭州将军。英军攻陷乍浦后，被革职留任。和议成，命筹办浙江善后事宜。二十六年，调乌里雅苏台将军。

英船再犯鸡笼 自英船Nerbudda号在鸡笼触礁沉没，百余人被俘后，英船便数次进犯台湾，企图索回俘虏。道光二十一年九月十三日（1841年10月27日）上午，一艘配有重炮的英舰进犯鸡笼，炮击二沙湾炮台，击中清军台右兵房。守备许长明等在三沙湾的鼻头山埋伏，伺机炮轰敌船，击毙英军两人。台湾义勇亦纷纷前来助阵。战斗时断时续，一直进行到次日。英船见无计可乘，于中午退出口外。

龚自珍（1792—1841） 又名巩祚，字瑟人，号定盦，浙江仁和（今杭州）人。道光九年（1829）

		酌量决定,增开四五个口岸,不拟要求土地。
1841	道光二十一年	九月,著名学者**龚自珍**猝逝于丹阳。
1841	道光二十一年	十月初八日,派御前大臣**僧格林沁**等查阅天津海防。
1841	道光二十一年	十一月十六日,英军在余姚登陆,守军弃城而逃,城陷。两日后离去。

进士。曾任内阁中书、礼部主事等小京官。十九年,辞官南归,就任江苏丹阳书院、杭州紫阳书院讲席。二十一年九月,拟东下入江苏巡抚梁章钜幕,参与抗英,未成行而猝逝。少从外祖父段玉裁学文字学,研讨经学、史学。反对汉学的繁琐考证和宋学的空言心性,与林则徐、魏源等同倡经世致用之说。并大胆抨击时政腐败和社会黑暗,要求更法改图。痛斥鸦片贸易,主张严禁到底。一生留下大量诗文集,后人辑为《龚自珍全集》。

僧格林沁(1811—1865) 博尔济吉特氏,蒙古科尔沁旗人。道光五年(1825),袭封科尔沁扎萨克多罗郡王爵。十四年,授御前大臣,补正白旗领侍卫内大臣、正蓝旗蒙古都统,总理行营,调镶白旗满洲都统。深得道光器重。咸丰三年(1853),任参赞大臣,参与防堵太平天国之北伐军。九年,英法联军进攻大沽,督军抵御,击毁敌舰十余艘。次年,阻击英法侵略军于通州八里桥,败北,被夺爵位。后复之。多次奉命征剿教会起事。同治元年(1862),命统辖鲁豫军务,镇压捻军。四年,被捻军

1841	道光二十一年	十一月十九日，英军焚掠慈溪城后，撤回宁波。
1842	道光二十一年	十一月二十九日，英军进入奉化焚掠，翌日退出。
1842	道光二十一年	十二月十二日，湖北崇阳**钟人杰率众起义**。
1841	道光二十一年	是年，著名学者**李兆洛**逝世。
1841	道光二十一年	是年，《**海国图志**》编撰成书。

围攻，死之。

钟人杰率众起义 道光间发生在湖北崇阳一带著名的民众起义，由钟人杰领导，故名。钟人杰（1803－1842），名世雄，以字行，湖北崇阳人。生员出身，道光十六年（1836），因得罪权贵被斥革功名，遣配孝感。二十一年，潜返乡里，会遇民众闹漕抗粮，他遂于十二月十二日（1842年1月22日）与陈宝铭、汪敦族等人聚众起义。很快攻占崇阳、通县，称钟勤王，竖立都督大元帅旗，分设众官。义军迅速增至万余人。清廷派大军征剿，次年正月，崇阳被攻克，起义失败。钟人杰被俘，解送京师杀害。

李兆洛（1769－1841） 字申耆，号绅琦，晚号养一老人，江苏阳湖（今武进）人。嘉庆十年（1805）进士。官安徽凤台知县七年，以父忧去，遂不出。主讲江阴书院几二十年。其博览群书，论学不分汉宋，惟以心得为主，归于致用，尝为魏源称之为"近代通儒"。通音韵、史地、天文、历算诸学，尤长于舆地、天文。自著有《养一斋集》，所

1842－1842

1842	道光二十二年	正月初七日，璞鼎查宣布香港、定海为自由港。
1842	道光二十二年	正月十八日，英国驻华商务监督公署自澳门移驻香港。
1842	道光二十二年	正月十九日，湖北提督**刘允孝**收复崇阳。
1842	道光二十二年	正月二十二日，钟人杰被擒。寻湖南清军收复通城，钟人傑乱平。

辑有《皇朝文典》、《大清一统舆地全图》、《凤台县志》、《地理韵编》等。

海国图志 书名，魏源编纂。道光二十一年（1841），在镇江受林则徐的嘱托，据林所译《四洲志》和中国历代史志等编纂而成。道光二十二年刊行，五十卷。二十七年再刻，增订为六十卷。咸丰二年（1852），又增补为一百卷，是为定本。记述世界各国的地理和历史状况，介绍西方先进的科学技术及制造战舰、火器和练兵的方法；分析鸦片战争的经验教训，探求富国强兵、抵御外侮之道。提出了"师以夷技以制夷'的思想。为当时国人自编最为详备的世界史地参考书。

刘允孝（1775－1842） 甘肃肃州（今酒泉）人。武举出身。嘉庆年间，先后参与征讨川楚陕白莲教起事及河南天理教起事。以功逐次升迁。道光二十年（1840），擢湖北提督。崇阳钟人傑起事后，奉命从湖广总督裕泰镇压之。旋调署江南提督，负责江苏防务。道光二十二年六月，英国侵略军进犯镇江，受命

1842	道光二十二年	正月二十九日，奕经、文蔚派兵发动**浙东反攻战**，败绩。
1842	道光二十二年	正月三十日，一英船在台湾大安港搁浅。
1842	道光二十二年	二月初四日，英军再败奕经于慈溪，副将**朱贵**等战死。
1842	道光二十二年	二月初七日，命东河委差之林则徐仍发往伊犁效力。
1842	道光二十二年	二月初七日，奕经、文蔚弃绍兴，败走杭州。
1842	道光二十二年	二月初八日，黄河祥符决口大坝合龙，河水

在镇江城外布防，未能作有效抵抗，败走南京。随即因病辞归。

浙东反攻战 鸦片战争中的战役之一。道光二十一年（1841）八月，浙东定海、镇海、宁波三地相继失守。道光甚为愤懑，派宗室、协办大学士奕经为扬威将军，调集各地大军开赴浙江，以收复失地。奕经受命后，缓缓赴浙，在战备并不充分的情况下，调集一万余人，于二十二年正月二十九日（1842年3月10日）凌晨分三路对定海、镇海和宁波三地的英军发动夜袭，以期一举击败英军。然而由于英军已预作准备，且清军布战不周，很快全线溃败。二月初四日（1842年3月15日），英军乘机发动反攻，占领慈溪大宝山。奕经等败回杭州。

朱贵（？－1842） 字黻堂，甘肃河州（今临夏）人。初以武生从军，先后参加平剿川陕白莲教、滑县天理教、三才峡之战；征讨回疆张格尔叛乱，历官至陕

		东流。
1842	道光二十二年	二月十六日,命广州将军**耆英**往浙江署杭州将军,伊里布随同前往。
1842	道光二十二年	二月二十四日,命四川提督齐慎仍为参赞大臣,驰赴浙江办理军务。
1842	道光二十二年	二月二十七日,授耆英为钦差大臣,驰赴浙江防守省城。
1842	道光二十二年	三月初二日,定《稽查闽广驶往天津海船章程》。

西西安参将、署察汉托洛亥副将。道光二十一年(1841),擢浙江金华协副将。奕经奉命赴浙江督办军务,他率陕甘兵九百以从。次年,奕经发动浙东反击战,全线溃败,英军乘机反击,向慈溪发动攻击。朱贵屯驻城西大宝山,奋勇迎敌,与子武生昭南一同战死。

耆英(1790—1858) 字介春,爱新觉罗氏,宗室,隶满洲正蓝旗,大学士禄康子。荫生,历官至内大臣,吏、户、工诸部尚书。道光二十二年(1842),出任广州将军,授钦差大臣,督办浙江洋务。和伊里布同授全权代表,与璞鼎查等签订《南京条约》。旋授两江总督。次年,再充钦差大臣,与英人议订通商章程。二十四年,调任两广总督兼办通商事宜,与美、法分别签订《望厦条约》和《黄埔条约》。二十八年,拜大学士。咸丰帝即位,被革职。咸丰八年

1842-1842

1842	道光二十二年	三月初四日,浙江水勇夜袭定海英军,焚毁英船多只。
1842	道光二十二年	三月初五日,香港开设邮局。
1842	道光二十二年	三月二十六日至二十八日,英军相继退出宁波、镇海,退往定海,以备北犯。
1842	道光二十二年	四月初五日,赏台湾抗英功臣**达洪阿**、**姚莹**,

(1858),授命随大学士桂良赴天津与英法联军交涉,旋因擅自回京,被赐自缢。

稽查闽广驶往天津海船章程 清廷为加强天津海防,确保京师安全而制订的章程。主要内容有:凡福州、厦门、潮州海船出口往天津者,必经天津有字号商人出具并无携带奸匪甘结。广州诏安海船出口,地方官责令保船税行出结,由各处给照衙门盖印。海船雇募水手,必须给发印照,注明年貌姓名。如有客民临时搭载来津贸易者,亦须遵此例。商船驶至海口,由天津镇道督率文武员弁按章逐加查验。到津时,只许离城三四里外宽阔处所,间段挨次停泊。在船人等除与行户交易之商人外,均不准上岸。

达洪阿(?-1854) 字厚庵,富察氏,满洲镶黄旗人。初为护军,累擢台海镇总兵加提督衔。道光二十一年至二十二年(1841-1842),督率台湾军民先后三次击退英船来犯,赐号"阿克达春巴图鲁",加太子太保衔。中英议和后,以璞鼎查诉称其所戮皆遭风难民,被革职逮问。寻释之,历伊犁参赞大臣、西宁办事大臣等职。三十年,授副都统。咸丰即位后,先赴广西,再于直隶征讨太平军。咸丰四年(1854),受

		并命台湾所获英俘，除头目暂行禁锢外，均即行正法。
1842	道光二十二年	四月初七日，英军抵达乍浦洋面。
1842	道光二十二年	四月初九日，英军发动**乍浦之役**，城陷。
1842	道光二十二年	四月十六日，孟保等主持达赖呼毕勒罕行**坐床礼**。

伤卒于军，赠都统衔。

姚莹（1785－1853） 字石甫，号明叔、展和，晚号幸翁，安徽桐城人。嘉庆十三年（1808）进士。道光十年（1830），特擢台湾道。鸦片战争期间，与总兵达洪阿率军民三次击退进犯台湾之英船，俘获多人。《南京条约》签订后，以"妄杀冒功"之罪名被逮问下狱，旋释出，以知州发四川。不久，令赴西藏平息两呼图克图之争。事竣，补蓬州。在州两年，引疾归。著《康輏纪行》。咸丰元年（1851），起复，授道员，旋擢广西按察使，参与镇压太平军，卒于任。有

《中复堂全集》行于世。

乍浦之役 鸦片战争第三阶段发生的战役之一。英军为了进一步迫使清政府就范，决定继续北上对扬子江沿线城市发动攻击。由于兵力不足，英军于道光二十二年（1842）三月底，陆续退出镇海和宁波，集中兵力北犯。四月初九日（1842年5月18日），英军二千二百余人首先对杭州湾北岸军事要地乍浦发起攻击。乍浦防御工事相对简陋，虽拥有重兵（约七千人），仍未能幸免兵败城破。不过由于驻防的八旗官兵积极顽强的抵抗，还是对英军造成较大打击。此役，英军被俘十

1842	道光二十二年	四月十九日,入侵乍浦英军全数退出北进。
1842	道光二十二年	四月二十二日,著余步云革职,并锁拿解京。
1842	道光二十二年	四月三十日,大学士**王鼎暴卒**。
1842	道光二十二年	五月初一日,予伊里布四品顶带,署乍浦副都统。

六人,毙伤六十四人,其中包括中校军官一人。

坐床礼 藏传佛教活佛死后,转世灵童接替前世活佛法位时的升座仪式。只有经此仪式,灵童才能正式成为活佛。清制,达赖喇嘛的转世灵童举行坐床礼须由清朝指派大臣或驻藏大臣主持。新达赖首先要到大昭寺朝佛,然后至布达拉宫日光殿中坐床。坐床时,僧俗民众集合歌舞,燃烧松柏树以示庆贺。

王鼎暴卒 王鼎与林则徐素善,原冀让其襄办河工而免于遣戍。祥符决口合龙后,众人皆予议叙,惟出力甚巨的林则徐仍照旧遣戍。王鼎深感不平。还朝后据理力争,未果。寻于道光二十二年四月三十日(1842年6月8日)暴卒。虽此前他已身感微恙,但并不严重。故而,时人的一些笔记如陈康祺的《郎潜纪闻》、薛福成的《庸庵笔记》等均言因荐林则徐,劾穆彰阿,志不得申,乃自缢以尸谏。对此,林则徐、孙良言等人也信以为然。此说虽颇合情理,但尚未发现确实的证据。现代有关专家对此亦疑信不一。

吴淞之战 鸦片战争中的著名战役之一。吴淞位于黄浦江入长江处,是长江防御的第一道屏障。鸦片战争爆发后,清政府就有意

1842	道光二十二年	五月初八日，**吴淞之战**打响，宝山沦陷，江南提督**陈化成**战死，牛鉴西走嘉定。
1842	道光二十二年	五月十一日，英军进占上海，典史**杨庆恩**殉难。
1842	道光二十二年	五月十五日，英军撤出上海城。

加强了对吴淞口的布防。道光二十二年五月初一日（1842年6月9日），英军驶入吴淞口。五月初八日（1842年6月16日）清晨，英军约二千人对吴淞东西炮台（主要是西炮台）发动攻击。中午十二时后，英陆军从西岸登陆，分兵两路进入清军已撤出的宝山城（距吴淞口西岸仅两里）。战斗中，江南提督陈化成坐镇西炮台奋勇抗敌，壮烈殉国。两江总督牛鉴由县城赴西炮台，受英舰炮击，领兵溃退。是役，英军死两人，伤二十五人，清军阵亡八十八人。

陈化成（1776－1842）　字莲峰，福建同安人。行伍出身，授水师把总，历官参将、副将至福建水师提督。嘉庆中，从提督李长庚打击蔡牵海上武装，屡有功。鸦片战争爆发，调任江南提督，筹备吴淞防务，修台铸炮，枕戈待旦，与士卒同劳苦凡两年。道光二十二年五月初八日（1842年6月16日），吴淞之战打响后，他坐镇西炮台，发炮击伤英舰多艘。继与登陆英军肉搏，七处负伤，流血不止，英勇战死于疆场。

杨庆恩（？－1842）　字尊庵，浙江山阴（今绍兴）人。由监生入赀补授上海县典史。性情耿

1842	道光二十二年	五月十九日，命工部尚书**赛尚阿**为钦差大臣，驰往天津办理军务。
1842	道光二十二年	五月二十六日，荆州长江大堤漫决，湖北二十八州县被灾。
1842	道光二十二年	六月初一日，日全食，约一小时。
1842	道光二十二年	六月初八日，道光谕耆英等**有条件允和**。

直，不以官卑而妄自菲薄。道光二十二年（1842）五月，英舰驶入吴淞口，上海县令刘光斗就准备逃走，庆恩以守土大义力劝之。宝山陷落后，刘等仍一逃了之。他欲守无力，不甚悲愤，将事禀告上司后，投江殉节。

赛尚阿（？－1875） 字鹤汀，阿鲁特氏，蒙古正蓝旗人。嘉庆二十一年（1816）翻译举人，历任理藩院笔帖式、军机处章京、内阁学士、侍郎、尚书、都统等职。道光二十一年（1841），任军机大臣，诏赴天津、山海关勘筑炮台。次年，命为钦差大臣，赴天津治防。咸丰元年（1851），拜大学士，加钦差大臣，赴广西督办征剿太平军事宜。二年，太平军从永安突围，由桂入湘，被革职逮问，定斩监候。未几，释出。五年，遣戍军台，寻释之。十年，回京，授副都统。不久，以病免。

有条件允和 战事的连连失利，使道光皇帝"主剿"的决心开始动摇。此时，广州将军耆英恰向道光呈递一份伪造的英人在宝山张贴的请求通商的告示，该告示中有"求和"、"通商"的字样。道光遂于六月初八日（1842年7月15日）发布谕旨称：让耆英回覆英人，若其果真心求和，

1842	道光二十二年	六月十四日至十五日，中英展开**镇江之战**，城陷，副都统**海龄**死难。
1842	道光二十二年	六月十九日，道光密谕耆英"慎持国体，俯顺夷情"。另谕耆英、伊里布为钦差大臣。
1842	道光二十二年	六月二十日，命耆英、伊里布为议和全权大臣。

于通商外，别无所求，并能将沿海船只悉数退回广东，则可请旨允和。表明了道光态度的转变。不过他的这一让步，与英国要求相距甚远。

镇江之战 鸦片战争中的最后一战。英军攻占吴淞后，继续溯江西进，清军匆忙调兵布防，由齐慎等率部二千七百人驻守镇江城外各地，副都统海龄率一千六百名八旗兵守镇江城。道光二十二年六月初五至十二日（1842年7月12日至7月19日），英舰六十五只陆续驶抵镇江江面。十四日（1842年7月21日），英军六千九百零五人大举进攻，城外齐慎所部军队很快溃退。英军全力攻城，遭到海龄督率的八旗兵的极其顽强的阻击。激战两日，方攻占全城。城破后，海龄携全家自尽殉节。是役，英军死三十九人，伤一百三十人，失踪三人，是鸦片战争中损失最大的一次战役。清军亦阵亡二百三十九人，伤二百六十四人，失踪六十八人。

海龄（？－1842） 郭洛罗氏，满洲镶白旗人。由骁骑校授张家口守备，累擢大名、正定两镇总兵。历西安、江宁、京口副都统。吴淞之战后，英军沿江西进，道光二十二年（1842）六月，对镇江发动攻击，提督齐

1842—1842

1842	道光二十二年	六月二十三日，耆英照会璞鼎查，请停战议和。
1842	道光二十二年	六月二十八日，英舰抵达南京江面。
1842	道光二十二年	七月初三日，伊里布抵达南京，即命先期抵达之家人张禧赴英舰咨询议和条件。
1842	道光二十二年	七月初五日，道光谕令耆英等，完成和局，勿顾虑。
1842	道光二十二年	七月初七日，耆英到达南京，璞鼎查致耆英以**最后通牒**。
1842	道光二十二年	七月初八日，台湾被俘之英印人，除头目十人外，悉被正法。
1842	道光二十二年	七月初九日，耆英接受璞鼎查所开条款。

慎、刘允孝败退，遂攻城，他率八旗驻防兵坚守两日，杀伤敌人一百余人。城陷，携全家死节。

最后通牒 英军攻占镇江后，牛鉴见南京势不能守，决意求和。道光二十二年六月二十八日（1842年8月4日），英舰驶至南京江面。七月初三日（1842年8月8日），受命办理抚务的钦差大臣伊里布抵南京，即遣其家人张禧赴英舰与英人接洽。初七日（1842年8月12日），英人开列所求各款，交张禧等带回。内容有：（一）索赔款二千一百万元；（二）索香港，并准广州、福州、厦门、宁波和上海等处通商；（三）平等外交。称，若悉允所请，即罢兵，订立永和条

1842	道光二十二年	七月十五日，耆英、伊里布、牛鉴登英舰会晤璞鼎查。
1842	道光二十二年	七月十七日，江苏桃源桃北厅河决。
1842	道光二十二年	七月二十四日，中英《南京条约》正式签署。
1842	道光二十二年	八月初二日，道光帝批准《南京条约》。
1842	道光二十二年	八月初十日，英舰开始撤离南京，至九月初三日，全数撤出长江口。
1842	道光二十二年	九月初八日，谕令所有征调各省官兵，著分批撤归，乡勇遣散。
1842	道光二十二年	九月初八日，据镇海招宝山英军登船撤离。

约，否则，立即兵刃相见。为防止英军攻城，牛鉴、伊里布等随后接受这些条款。

南京条约 即《江宁条约》。道光二十二年七月二十四日（1842年8月29日），清钦差大臣耆英、伊里布与英国全权代表璞鼎查在南京下关江面英舰上，完全根据英方所提条件而签订。共十三款。主要内容：（一）割让香港；（二）开放广州、福州、厦门、宁波、上海五处为通商口岸；（三）赔款二千一百万元；（四）协议英商应纳进出口货税率，不得随意更改；（五）废除公行制度，允许自由贸易；（六）中英官员平等往来。该条约为中国近代与外国签订的第一

1842—1842

1842	道光二十二年	九月十四日,命将牛鉴革职拿问,以耆英为两江总督。
1842	道光二十二年	九月十四日,命伊里布为钦差大臣、广州将军,赴广州办理善后事宜。
1842	道光二十二年	九月二十三日,谕令沿海各省文武官员就如何量为变通,整饬军务妥议具奏。
1842	道光二十二年	九月二十九日,伊里布奏报**筹集英军赔款情形**。
1842	道光二十二年	九月三十日,"马礼逊书院"由澳门迁至香港。
1842	道光二十二年	十月初一日,英船至台湾索俘。

个不平等条约,开启了近代以来中外不平等交往的历史。

筹集英军赔款情形 在《南京条约》签订前,伊里布等曾向道光奏报英人所提要求,其中对赔款一项,道光未予否决,只是令其妥议如何筹款。《南京条约》规定,共赔款二千一百万元,当年交款六百万元,折银四百二十六万两。至是,伊里布奏报筹集赔款具体情形:扬州、上海两地捐银三十五点五万两,其余的从云库、部库以及江苏、浙江、安徽和山东等地藩库、运库、关库等中央和地方库银中凑拨。为道光所同意。

全粤义士义民公檄 广东民众反抗英人侵略的公开檄文。由广州绅士钱江、何大庚起草。该檄文援引上谕中"士民中果有勇谋

1842	道光二十二年	十月初五日，从英人所请，准释放台湾所获英国战俘。
1842	道光二十二年	十月上旬，广州发布《**全粤义士义民公檄**》，反对英人入城。
1842	道光二十二年	十月十九日，奕山、奕经、文尉被革职，定刑为斩监候。
1842	道光二十二年	十月二十四日，璞鼎查照会闽浙总督怡良，要求惩办杀戮英俘之台湾官员。
1842	道光二十二年	十月二十七日，怡良在厦门会晤璞鼎查，商谈**台湾杀俘事件**。

出众之材，激于义愤，团练自卫……能建不世之殊勋，定有非常之懋赏"等语，号召广东民众"共引团练，仿轨里连乡之制，指顾得百万之师……妇女亦能谈兵"。平时各归农业，有事则聚集从戎，齐心协力，共同对付英国侵略者。

台湾杀俘事件 鸦片战争期间，英国方面的船只四次进犯台湾，其中有两次英船触礁沉没，共有一百八十二人被俘获。中英《南京条约》签订后，英方按条约规定赴台湾索俘。然而此前，达洪阿、姚莹已奏准道光帝，将除夷目外的一百三十余名英俘及汉奸悉行正法。因此，英方索回的俘虏只有十一人。令璞鼎查大感不满，以台湾所杀英俘均为遭风遇难之民为理由，向清政府提出抗

1842—1843

1842	道光二十二年	十一月初六日,广州发生**火烧十三行事件**。
1842	道光二十二年	十一月十九日,英军大部离香港西返。
1842	道光二十二年	十一月二十三日,牛鉴被处斩监候。
1842	道光二十二年	十一月二十七日,英国批准《南京条约》。
1842	道光二十二年	十一月三十日,美国总统致文国会,主张派使驻华。
1843	道光二十二年	十二月初七日,命怡良赴台湾查办杀俘事件。
1843	道光二十二年	十二月二十日,伊里布与璞鼎查会于黄埔,商议纳税章程及杀俘事件。

议,要求将达、姚二人正法以谢罪。中方为平息事端,遂将二人革职逮问,最终予以薄惩。

火烧十三行事件 《南京条约》签订后,广州英人往往以胜利者自居,横行不法,遭致广州民众之怨恨日深。道光二十二年十一月初六日(1842年12月7日),英商馆外商遣仆役外出买食物,并不给资,索之反予辱骂,遂起争执。仆役逃回馆内,纠集英人持枪复出寻仇,民众纷纷前来声援,英人退回馆内。民众越聚越多,将商馆团团围住,并冲入馆内。馆内什物,捣毁一空,夜复付之一炬。官府派兵弹压并派员救火,然民众巨万,势不能为。越日,火熄民散。共烧毁英人楼馆四间。事后,璞鼎查致书要求索赔惩凶,否则动武。祁𡊮进行周旋,最终以赔款了事。

引见 官制用语。皇帝接见中

1843	道光二十二年	十二月二十四日,余步云被处斩决。
1843	道光二十二年	十二月二十五日,伊里布告示广州绅士,勿再启边衅,滋扰洋人。
1843	道光二十二年	十二月二十六日,以水师战技重在驾船放炮,令嗣后水师官员赴部**引见**时,停阅马箭,只考验枪炮。
1843	道光二十二年	十二月二十七日,重修《大清一统志》成。
1842	道光二十二年	是年,**魏源**《圣武记》书成。
1843	道光二十三年	正月初五日,命驱逐喜峰口外私开银矿之流民。

下级官员、少数民族首领和外国使节等,须由有关大臣导引入见,称为引见。清朝以前,此多为皇帝临时性的活动。清颁为定制。凡京官五品以下、外官四品以下,在授官、京察、大计、保举、升调、俸满时,均须陛见,由皇帝当面鉴定升降去留。文官由吏部引见,武职由兵部引见。引见时,先要填写引见单,按序列队等候。轮到后,相关大臣引入,跪奏其履历,接受皇帝面试。

魏源(1794—1857) 原名远达,字默深,一字墨生,湖南邵阳人。道光二十五年(1845)进士。曾任知县等职,官至高邮知州。晚年辞官归隐,侨居江苏兴化。他与龚自珍同属今文经学派,主张经世致用之学。道光六年,应江苏布政使贺长龄聘,参与《皇朝经世文编》之编纂。继为江苏巡抚陶澍筹议漕运、水

1843–1843

1843	道光二十三年	二月初四日，伊里布在广州病逝。
1843	道光二十三年	三月初一日，以近来地方不靖，命各省督抚、提镇严饬所属，全力缉拿盗匪。
1843	道光二十三年	三月初六日，英国女王颁布《**香港宪章**》，任命璞鼎查为首任**香港总督**。
1843	道光二十三年	三月初七日，命耆英为钦差大臣，驰赴广州，办理通商纳税章程。

利、票盐诸事。二十一年，入两江总督裕谦幕，参与筹划浙东抗战。后在镇江与林则徐相会，受其嘱托，编成《海国图志》。感愤时政败坏，兵事不利，著成《圣武记》。此外，著作尚多，今人辑有《魏源集》。

圣武记 书名，十四卷。魏源感愤国势衰微，遂将清代武功以纪事本末体裁撰成该书，道光二十二年（1842）完成。前十卷分专题记述清初建国、平定三藩之乱等三十多次重大军事活动，颂扬盛世武功，探求盛衰之理；后四卷《武事余论》，论述清代各项军事制度，并发表自己的意见。书成后，于二十四年重订，二十六年，于扬州再次修订，并刊行，是为古微堂本。光绪四年（1878），申报馆排印本增入《道光洋艘征抚记》，为通行定本。书中首次提出"以夷制夷"、"以彼长技御彼长技"等思想，为时论所重，影响甚大。

香港宪章 英国在香港实行殖民政治制度及宪法的蓝本。道光二十三年三月初六日（1843年4月5日），由英国女王维多利亚一世正式签署，并以《英王制诰》的名义颁布。宣称，香港从此成为

1843—1843

1843	道光二十三年	三月二十四日，以怡良奏，台湾上两年所俘英人，确系英国难民，命将达洪阿、姚莹革职，交部定罪。后被免予治罪。
1843	道光二十三年	三月二十六日，户部库银亏短事件查出结果，共亏短九百二十五万二千余两。
1843	道光二十三年	四月初九日，美国国务卿**韦伯斯特**训令新任来华公使**顾盛**坚持**最惠国待遇**原则。

"英国殖民地"，由璞鼎查担任首任香港总督兼驻港英军统帅。它确定了组织香港政府的基本原则，规定港督为最高行政长官，下设立法局和行政局。港督有权在立法局的协助下，通过制订法律来维持、改善香港的行政、秩序和税收。但须受到以下三个方面的制约：（一）不能违反殖民地部训令；（二）英王对香港法律具有否决权；（三）国会和英王会同枢密院，可以为香港立法。

香港总督 简称"港督"。是香港殖民地政体中最高官职。由英国外交部与殖民地部（1968年后改为联邦事务部）委任，并以英王的名义任命。享有代表英王、香港文武百官均须服从的权威。同时是行政局、立法局的当然主席（1993年2月19日起，不再担任立法局主席），并兼任驻港英军三军统帅。其权力和职责源于是日颁布《香港宪章》和次日颁布的《皇室训令》。港督任期五年，可以连任。自璞鼎查起，共有二十八人相继出任港督。1997年7月1日，香港回归中国，港督已随之退出历史舞台。

韦伯斯特（Daniel Webster, 1782—1852） 美国律师、政治家。

1843-1843

1843	道光二十三年	四月二十七日,命耆英与英人会议通商事宜。
1843	道光二十三年	五月十四日,定《户部库银稽查章程》。
1843	道光二十三年	五月二十九日,耆英与璞鼎查在香港举行《南京条约》互换批准书仪式。
1843	道光二十三年	五月二十九日,香港殖民政府正式成立,璞

曾任众议院、参议院及国务卿(1841—1843、1850—1852)。支持1828年(道光八年)所谓"可憎的关税率"法案,反对安德鲁·杰克逊总统(Andrew Jackson,1767—1845)关于废止联邦银行的决定。1842年,与英国谈判韦伯斯特—阿什伯顿条约,确定缅因州与英属加拿大的边界。

顾盛(Caleb Cushing, 1800—1879) 美国外交官。哈佛大学毕业,律师出身。曾任州法院法官、州议员、众议院议员等职。1843年(道光二十三年),被任命为美国特使和全权公使,前往中国,次年,到达中国。向清官员提出"前往北京"、"面见皇帝"等要求。又以武力相要挟,胁迫耆英与之订立中美《望厦条约》。旋回国,仍任众议院议员。1847年,晋少将,率军入侵墨西哥。后历美国司法部部长、驻西班牙大使等职。

最惠国待遇 亦称"最惠国条款"。指国际条约中,缔约国甲方给予乙方享受甲方给予任何第三国现行和将来的条约权力的同等待遇或条款。最早出现于17世纪的欧洲。从包括范围看,可分为不限定适用范围或交换条件的一般最惠国待遇,和有一定适用范围或交换条件的特定最惠国

		鼎查就任总督。
1843	道光二十三年	六月初三日，以湖南武冈**曾如炷起事**，杀死知州徐光弼，命吴其浚讨捕之。正月后乱平。
1843	道光二十三年	六月二十五日，《**中英五口通商章程**》在香港公布。

待遇两种；就获得待遇方面言，又分双方地位平等的双方最惠国待遇，和地位不平等的片面最惠国待遇。中国同外国订立条约中的最惠国条款滥觞于道光二十三年（1843）订立的中英《虎门条约》，为片面最惠国条款。

户部库银稽查章程 清廷为加强对户部库银的管理而制订的章程。此前，由于查出历年旧存户部库银亏短近千万两，为防止此类事件的再次发生，清廷至是订立该章程。主要内容是：嗣后外库，每隔一年，奏派王大臣盘查一次。内库及缎匹、颜料二库，每隔两年盘查一次。均与管理及兼管库务大臣一同稽查。

曾如炷起事 道光年间发生在湖南武冈的规模较大的农民武装斗争。道光二十三年（1843），湖南武冈等地发生灾荒，地主杨居南仍运米出境，曾如炷便聚众反对，武冈知州徐光弼率兵弹压。曾如炷乘势与曾以得、杨老六等人率民众在洪崖洞发动武装起义。五月，包围州衙，杀死徐光弼。六月初三日（1843年6月30日），清廷调遣湖南巡抚吴其浚、总兵英俊带兵前往镇压。随后，杨老六等七十余人在高沙市被俘，曾如炷、曾以得等退至新化。不久，亦战败被杀。

1843	道光二十三年	六月，洪秀全在广东花县创立**拜上帝教**。
1843	道光二十三年	六月，河南**中牟下汛九堡黄河漫口**。
1843	道光二十三年	七月初一日，中英广州贸易恢复。
1843	道光二十三年	七月初四日，命协办大学士户部尚书敬征、

中英五口通商章程 中英《南京条约》的补充条款。道光二十三年八月十五日（1843年10月8日），清钦差大臣耆英与英国全权代表璞鼎查在虎门签订。共十五款，附《海关税则》。实为《虎门条约》的一部分，因提前公布，故为独立条约。主要内容：（一）在华英国人享有领事裁判权，凡英国人与中国人词讼，英人按本国法律由领事官裁定，中国无权依照中国法律制裁；（二）英国商人在中国进出口货物，中英双方协议税率为值百抽五。首开了中国与外国协议关税的先例。

拜上帝教 亦称拜上帝会、太平基督教。道光二十三年（1843）六月，多次应举子试不第的洪秀全从《劝世良言》中吸取了一些基督教教义，与冯云山一道在家乡花县创立了该教（一说未形成正式的组织）。该教认为上帝是古今中外唯一真神，人人都应拜上帝而不拜邪神。主张天下男女尽是兄弟姊妹，为实现"天下一家，共享太平"的理想而奋斗。该教有一套严密的宗教仪式，入会要受洗。并有"十款天条"，平时为会员的生活守则，战时则为军事纪律。该教的创立对太平天国运动的兴起、发展起到了至关重要的作用。后随其失败而消亡。

中牟下汛九堡黄河漫口 道光二

		右侍郎**何汝霖**赴东河查勘漫口情形。
1843	道光二十三年	七月初六日，释邓廷桢回籍。
1843	道光二十三年	闰七月初二日，候选道员**潘仕成**以制造水雷成功，加布政使衔。

十三年（1843）六月以来，大雨频仍，黄河险情不断。至是，于中牟县下汛九堡处决口，堤坝塌口宽达三百六十余丈，全省十六州县被淹。历时一年半，始将决口堤坝合龙。

敬征（？－1851） 爱新觉罗氏，宗室，隶镶白旗，肃亲王永锡子。嘉庆十年（1805），封辅国公。历官头等侍卫、副都统、内阁学士等。道光初，累迁工部侍郎，授内务府大臣，调户部。道光八年（1828），偕尚书王鼎察治长芦盐务，奏定归补帑课章程。后多次奉命赴南河勘查兴办河工，有所建树。官至左都御史，户部、工部尚书，协办大学士。道光晚年，以保举失察被降级乃至褫职。

何汝霖（1781－1853） 字雨人，一字润之，江苏江宁（今南京）人。初以拔贡考授工部七品小京官。道光五年（1825），举人中式，充军机章京，累迁郎中，历内阁侍读学士、大理寺少卿。二十年，命在军机大臣上学习行走。此后，赞襄枢务凡十年。历副都御史，兵部、户部侍郎，兵部、户部、礼部尚书等职。尝偕大学士敬征勘东河工程。咸丰二年（1852），以足疾乞归。著有《沈阳纪程》。

潘仕成 广州洋行商人，候补道员。道光二十三年（1843），他

1843	道光二十三年	闰七月初三至初四日,直隶霸州永定河决口,漫淹二十余里。
1843	道光二十三年	闰七月十一日,行商伍敦元卒。
1843	道光二十三年	闰七月二十八日,**耆英进呈洋枪**。
1843	道光二十三年	八月十五日,中英签订《**虎门条约**》。
1843	道光二十三年	九月十二日,厦门开市。

以重金聘请美国人壬雷斯研制攻船水雷,获得成功。他是鸦片战争之后,将经世致用思想付诸实践的先行者之一。著有《攻船水雷图说》、《攻船水雷总图》,均被魏源收入《海国图志》。

耆英进呈洋枪 为展示西洋兵器的威力,并讨道光帝高兴,两广总督耆英于此前向道光进呈英国新式击发枪数杆,并奏请仿造。道光亲手把玩,爱不释手,称其为"绝顶奇妙之品",但对耆英仿造之请不以为然,云"朕知其必成望洋兴叹也"。显示出年事已高的道光帝在鸦片战争战败后,并未产生从器物着眼,进行革新的意愿。

虎门条约 原称中英《五口通商附粘善后条款》,又称《善后事宜清册附粘和约》,通称《虎门条约》,或《虎门附约》。系《南京条约》的补充条款。凡十六款,另附《小船定例三款》。道光二十三年八月十五日(1843年10月8日),钦差大臣耆英与英国全权公使璞鼎查在虎门签订。主要内容:(一)英国享有片面最惠国待遇。清政府将来如

1843	道光二十三年	九月十八日,法国外交部训令来华公使**剌萼尼**依照中英《南京条约》与中国订约。
1843	道光二十三年	九月二十四日,准美国一体通商,不允进京。
1843	道光二十三年	九月二十六日,上海开埠。
1843	道光二十三年	十月初九日,台湾嘉义县**洪协、郭崇高起事**。
1843	道光二十三年	十月初十日,谕耆英仍当申严鸦片烟禁令。

给予其他国家任何权利,英国都可"一体均沾";(二)英国人可以在五口通商地区租地建屋,永久居住。片面最惠国待遇的确立,为日后西方列强互相援引,不断扩大侵略权益提供了法律依据。

剌萼尼(Théodore Marie Melchior Joseph de Lagrené,1800—1862) 法国外交官。曾任果奈-达姆斯塔特公国、希腊等国公使。《南京条约》签订后,被法国政府任命为全权公使出使中国。道光二十四年(1844)七月,到达澳门。同年九月,与两广总督耆英在广州黄埔港签订了中法《黄埔条约》。二十六年,又胁迫清政府废除了查禁天主教的法令,允许传教。同年回国。旋因使华有"功",被封为贵族。

洪协、郭崇高起事 道光年间发生在台湾嘉义县的民众反抗斗争。道光二十三年十月初九日(1843年11月30日),台湾嘉义县农民在天地会首领洪协的组织领导下竖旗反清,被革武生郭崇高亦率众响应,聚众达二千余

1843	道光二十三年	十月初十日,命耆英回两江总督任,办理善后及上海通商事宜。
1843	道光二十三年	十一月初七日,命整饬沿海水师。
1844	道光二十三年	十一月十二日,宁波开市。
1844	道光二十三年	十一月十六日甲申,台湾嘉义乱平。
1843	道光二十三年	是年,广州东北郊建立抗英组织"**东平社学**"。
1843	道光二十三年	是年,英国传教士在上海开设"**墨海书馆**"。
1844	道光二十四年	正月初七日,美国公使顾盛到达澳门。

人。闽浙总督刘韵珂寻派兵前往征剿,接战六次,共毙千余人,洪协等亦被俘而死。

东平社学 由绅士领导的广州民众抗英组织。鸦片战争期间,广东番禺县东北六社村民在王韶光等人的率领下,曾出动数千男女丁壮参加三元里人民抗英斗争。此后,又组织团练。道光二十三年(1843)初,该村挑选壮丁一万余人,于白云山之东,仿昇平社学章程,建立东平公所社学(亦称公社),并约定,一旦有警,与昇平社学彼此联络。四月,迁址燕塘东北沙梨园。此后,该社学积极参加了反对英国强租广州河南地和英人入城的斗争。

墨海书馆 外国传教士在中国最早设立的使用铅印设备的编译、出版机构。道光二十三年(1843),由英国伦敦布道会传教士麦都思(Walter Henry Medhurst,

1844	道光二十四年	正月初十日,顾盛照会广东巡抚程矞采,称不日进京,呈递国书。
1844	道光二十四年	正月十七日,程矞采连日校阅省城附近之昇平、东平、南平、隆平等社学壮勇。
1844	道光二十四年	正月二十九日,户部议定,令各直省督抚、**府尹**、都统认真核查荒地,召人承买。
1844	道光二十四年	二月初一日,调耆英为两广总督。
1844	道光二十四年	二月初七至初九日,河南中牟黄河堵口过程中尚未合龙之新筑堤坝部分毁塌。

1796—1857)在上海主持开设。麦曾在马六甲和巴达维亚等地开设过印刷机构。继由伟烈亚力(Alexander Wylie, 1815—1887)主持。初期主要印刷《圣经》及传教小册子,道光三十年后,开始从事翻译出版西方科技书籍,传播西学。曾出版伟烈亚力的《数学启蒙》和合信氏的《博物新编》等书。前后存在约二十年。

府尹 官名。清制,以辖京师及其附近州县之顺天府为"京府",设府尹一人,秩正三品。掌理京畿地方事务,如各省巡抚,有直接向皇帝奏事之权。雍正元年(1723),又从六部尚书、侍郎中特简派大臣一员为兼管府尹事大臣。又,盛京(今沈阳)及附近州县设奉天府,亦设府尹一人,制同京府。乾隆二十七年(1762),令奉天府归盛京将军节制;三十年,改照京府例,由

1844	道光二十四年	二月初九日，从户部请，饬查试垦新疆、甘肃未垦荒地。
1844	道光二十四年	二月十五日，释牛鉴，赴河南协助河工。
1844	道光二十四年	二月二十二日，谕令程矞采劝阻美使进京，一切事情在澳门办理，并命耆英驰赴广州，妥办此事。
1844	道光二十四年	二月二十二日，从**麟魁**等奏，暂缓河南中牟黄河决口。
1844	道光二十四年	三月初五日，授耆英为钦差大臣，办理各省通商善后事宜。

盛京五部侍郎中遴派一人兼管府尹事。光绪三十一年（1906），改行省，罢府尹，置知府。

麟魁（？－1862） 字梅谷，索绰罗氏，满洲镶白旗人。道光六年（1826），二甲一名进士。历侍讲学士、通政使、左副都御史、刑部侍郎等职。二十二年，出署山东巡抚，建议山东沿海防御以陆路为主。翌年，擢礼部尚书。旋因督修中牟决口河工不力褫职。不久起复。咸丰二年（1852），任军机大臣（三年罢军机），并官工部、礼部、刑部尚书等。十年，英法联军入侵北京，留京充巡防大臣。同治元年（1862），授协办大学士，奉命赴甘肃查办事件，卒于兰州。

聂尔阿（1842－1848） 罗布桑巴勒垫丹拜佳木粲之乳名，喀尔喀蒙古哲卜尊丹巴系第六代活佛。藏族，卫地（前藏）牧驴人绥那玛之子。道光二十四年三月初七日（1844年4月24日），由七

1844	道光二十四年	三月初七日，顾盛照会程矞采，谓中国所持态度，将使中美两国失和。
1844	道光二十四年	三月初七日，驻藏大臣孟保奏，经金奔巴掣签，掣出**聂尔阿**为哲卜尊丹巴**呼图克图**之呼毕勒罕。
1844	道光二十四年	三月二十一日，德庇时接替璞鼎查为英国驻华公使兼香港总督。
1844	道光二十四年	四月初一日，台湾发生**郭光侯抗粮事件**。
1844	道光二十四年	四月初二日，英人提出拟租广州河南地，以民众反对，未果。

世班禅金瓶掣定。二十八年，由喀尔喀诸部五千人迎至库伦（今蒙古国乌兰巴托）坐床。然登位仅五十九日，即染天花圆寂。龛座供奉于库伦丹巴多尔济寺。

呼图克图 蒙古语音译，意为"再来人"，即活佛。藏语称"朱必古"。清朝廷对西藏、蒙古地区"转世"喇嘛所授的封号。凡受封者均载入理藩院册籍。乾隆以后，呼图克图"转世"须经清政府主持的金瓶掣签仪式确定，报请朝廷授封。其地位高于一般活佛，次于达赖和班禅。

郭光侯抗粮事件 道光朝发生在台湾民众反抗斗争之一。嘉庆以前，台湾赋税的征缴一直以谷物为主。后由于谷物运力不足，改为折合现银缴纳。由于折合比例由官方单方面决定，官府往往藉此变相增税，以致纠纷频生。郭光侯，台湾县人，武举出身，为人侠义，好打抱不平。道光二十四年（1844），台湾民众因此与

1844	道光二十四年	四月初五日，洪秀全、**冯云山**到广西桂县。
1844	道光二十四年	四月初九日，准云南、贵州、四川、广西等处，民间开采银矿。
1844	道光二十四年	四月十四日，耆英到达广州。
1844	道光二十四年	四月二十五日，赐**孙毓溎**等二百零九人进士及第出身有差。

县衙发生争议，农民纷纷拒缴现银，并将谷物搬运到台湾府城。郭光侯见此，遂出面率领民众赴府衙抗议。官府以其"反官"下令缉捕。郭便逃离台湾，赴京京控。最后，虽洗刷了"反官"之罪，但仍以"偾事"而流放边疆。

冯云山（约1815—1852） 本名乙龙，广东花县人。曾为塾师。道光二十三年（1843），与洪秀全创立拜上帝会。次年，从洪赴广西贵县传教。后只身入桂平紫荆山区，宣传拜上帝教，先后介绍杨秀清、韦昌辉、萧朝贵、石达开等入教。对太平天国运动的早期发展，居功甚巨。后一度被捕，寻被营救释出。三十年，参与发动金田起义。咸丰元年（1851），太平军攻克永安后，晋封南王，主持立法建制。次年，永安突围后，在攻打全州的战役中，中炮受伤，旋因伤而逝。

孙毓溎 字犀源，号梧江，山东济宁人。出身官宦世家，大学士孙玉庭之孙，江苏巡抚孙宝善之子。道光二十四年（1844）甲辰科状元，授翰林院修撰。后出任云南学政。咸丰元年（1851），任江西吉安府知府，后升任山西

1844	道光二十四年	五月十五日，准民间开采广西北流铁矿。	
1844	道光二十四年	五月十八日，**《中美望厦条约》**签订。	
1844	道光二十四年	五月末，直隶永定河决。	
1844	道光二十四年	六月初六日，湖南巡抚陆费瑔奏，耒阳县民**阳大鹏起事**。	

按察使、浙江按察使等职。二年，因病辞归。后卒于乡。

中美望厦条约 即《中美五口贸易章程》。鸦片战争后中美签订的不平等条约。道光二十四年五月十八日（1844年7月3日），美国专使顾盛与两广总督耆英于澳门附近的望厦村签订。共三十四款，附有《海关税则》。主要内容：美国获得《南京条约》及附约中除割地、赔款外的全部特权，并有所扩大。如领事裁判权中，不仅美国人与中国人的民刑案件，与其他外国人的诉讼，中国官员均不得过问。此外，美国可以在通商口岸租地建楼，开设医院、教堂；美国兵船可到中国各港口"巡查贸易"。

阳大鹏起事 道光年的民众武装反抗斗争。此前，湖南耒阳民众因知县李金兰加征钱粮，以钱折银，假公济私，聚众抗议，并破狱救出被官府扣押的请愿代表。后李金兰去职，继任知县叶如珪一仍其旧，还拘捕了抗议首领阳大鹏之弟，致使民情激愤。道光二十四年（1844）四月，阳大鹏、段大荣等人率众一千余人，公开抗拒完粮，并持械攻城，击伤官兵。湖南提督旋督兵镇压，

1844	道光二十四年	六月二十三日,命督抚官员劝谕商民采办广西银矿。
1844	道光二十四年	六月三十日,法国公使剌萼尼到达澳门。
1844	道光二十四年	七月初,湖北荆州**万城长江大堤决口**。
1844	道光二十四年	七月初九日,陆费瑔奏,耒阳乱平,阳大鹏被擒获。
1844	道光二十四年	七月二十九日,东河总督钟祥奏,河南中牟黄河堵口大工势难缓办,谕令即克日兴办工程。
1844	道光二十四年	八月初二日,冯云山自贵县到桂平传教。
1844	道光二十四年	八月初六日,定《广东水师巡哨章程》。

骚乱随即平定。阳大鹏被捕,解往北京杀害。

万城长江大堤决口 道光二十四年(1844)入夏以来,湖北等地连降大雨,江水暴涨,至是湖北荆州府李家埠段的长江大堤因江水漫溢而决口,漫口未能及时封堵,不断加宽至一百五十余丈。由于江陵城墙圮塌,致使大水直漫入城。

广东水师巡哨章程 清廷为加强粤闽海上安全而制订的章程。主要内容是:广东洋面分为中、东、西三路,每年分为上、下两班。三月间,由中路虎门起,巡至本省西尽头之白龙尾止。九月间,亦由中路虎门起,巡至本省东尽头之铜山洋面止。东路之南

1844	道光二十四年	九月初六日，剌萼尼照会耆英，要求弛禁天主教。
1844	道光二十四年	九月十三日，《**中法黄埔条约**》签订。
1844	道光二十四年	十月初二日，道光密谕耆英，准弛禁天主教，但只限于五口通商口岸。
1844	道光二十四年	十月二十九日，命林则徐赴阿克苏等城，查勘回汉民众垦荒等情形。
1844	道光二十四年	十一月初四日，敕封十一世达赖名号。
1844	道光二十四年	十一月初五日，嗣后，无论中外民人，凡有学习天主教并不滋事为非者，准予免罪。
1845	道光二十四年	十二月初八日，命林则徐赴喀什噶尔查勘开荒。

澳，西路之琼州营，分定以六月间往中路，三面会哨。又南澳镇兼辖闽粤洋面，应令其右营特备每月分两班轮巡，与闽省左营会哨，俱令取结详报。

中法黄埔条约 即《中法五口贸易章程》。鸦片战争后法国强加给中国的不平等条约。道光二十四年九月十三日（1844年10月24日），法国专使剌萼尼与两广总督耆英在停泊于广州黄埔的法国军舰阿吉默特号上签订。共三十六款，附《海关税则》。主要内容：法国享有五口通商、协议关税、领事裁判权、片面最惠国待遇等特权；准许法国人在通商口岸建造教堂，清廷有保护之义务。订约后，法国又强迫清政府

1845-1845

1845	道光二十四年	十二月二十六日,河南中牟黄河决口合龙。
1844	道光二十四年	是年,中国第一所女子教会学校——**宁波女子学塾**开办。
1845	道光二十五年	正月,台湾**彰化地震**,损毁严重。
1845	道光二十五年	二月十五日,英军退出鼓浪屿。
1845	道光二十五年	四月初二日,密谕直隶等省(闽、粤、江、浙除外)督抚暂缓颁示**弛禁天主教上谕**。

取消对天主教的禁令,取得在通商口岸自由传教的权利。

宁波女子学塾 西人在华设立最早的教会女校。道光二十四年(1844),由英国东方女子教育协进会会员、传教士爱尔德赛(Miss Aldersay)创办。课程主要为圣经、国文、算术等,并教习缝纫、刺绣等。

彰化地震 道光间发生在台湾损失最为严重的地震。据当时台湾地方当局的统计,这次地震共坍塌民房四千二百余户,死亡三百八十余人,受伤无数。

弛禁天主教上谕 中法《黄埔条约》签订后,法国公使剌萼尼又多次坚请弛禁天主教。道光二十四年十月初二日(1844年11月11日),道光帝密谕耆英,准许弛禁,但只于通商五口地方建立教堂礼拜,不可越界传教。且认为此事关系重大,断不能"明降谕旨,通谕中外"。十一月初五日(1844年12月14日),道光再次同意耆英的请求,嗣后无论中外民人,凡学习天主教并不滋事为非者,准予免罪。次年正月十四日(1845年2月20日),道光帝又正

1845	道光二十五年	四月初二日,命陕甘、四川等省督抚严饬所属,缉拿四川青莲教首**李一原**等教匪。
1845	道光二十五年	四月十三日,谕令直隶、山东、河南各省督抚严拿大名府属盗匪、教匪。
1845	道光二十五年	四月十五日,定《**福建水师巡哨章程**》。
1845	道光二十五年	四月二十日,命湖北、江南各省督抚严密查拿青莲教总教主**朱中立**。

式明降谕旨,准许天主教弛禁。

李一原(?—1845) 道光中青莲教首领之一,即后天五行中的依微子。又称李一源、李一沅。四川人,主掌川、陕、甘等地的青莲教教务。道光二十三年(1843),曾与彭依法等人拥立朱中立为该教总教主。后为官府通缉,变易姓名,遁入乐山县境内,于二十五年五月,被地方官府抓获正法。

福建水师巡哨章程 清廷为加强闽浙沿海安全而制订之章程。主要内容是:闽省南澳之尽头,由南澳镇兵船于每年四月初一、八月初一巡查会哨两次,水师提标南帮委巡兵船于四月二十日,与南澳兵船巡查会哨一次。其北洋之尽头,由烽火营兵船,于每年三月初一、八月初一与浙江瑞安协兵船巡查会哨两次,令水师提标北帮委巡兵船于八月初十日,与瑞安协兵船巡查会哨一次。

朱中立 道光中青莲教之总教主。湖南人。道光二十三年(1843),该教首领李一原、彭依法等人,为扩大该教的影响,先后于湖北汉阳、武昌等地设坛

1845	道光二十五年	四月二十五日，赐萧锦忠等二百一十七人进士及第出身有差。
1845	道光二十五年	五月初九日，山东钜野捻党聚集，抗拒官兵。
1845	道光二十五年	五月十六日，定《乡试会试士子夹带惩罚例》。

立其为总教主。中立为其法名，另有道名化无。又以其姓朱，取牛八暗号。他之所以被立为教主，主要是因为川鄂等地较早就有"米勒佛转世，扶助牛八"的传说，而且朱姓代表明朝。实际教权主要掌握在"先天五行"和"后天五行"十人手中，他基本只是一个傀儡。

萧锦忠 初名衡，号史楼，湖南茶陵（今株洲市）人。道光二十五年（1845）乙巳科状元。传言其曾梦中见"萧锦忠"得某科状元，遂以梦兆改名。自幼家贫，然聪明好学，曾将经史各书亲手抄录成册，目诵不辍。中第后，授翰林院修撰。居京十余年，后辞官归籍，不复出仕。工诗赋，著有《舆地汇参稿》、《自然斋时文诗赋》等。

钜野捻党聚集 道光中捻党规模较大的公开抗拒官兵的运动。先是，山东捻党著名首领刘详在钜野县被捕获，押解省城。在押解途中，捻党聚众解救，被押送兵弁击杀八人。于是各股捻首率众齐集曹州抗拒官兵。至是，朝廷调遣山东、直隶等地官兵前往驱剿。后通过捕拿、击杀，捻众渐被驱散。共捕获四十六人，击毙十一人。

乡试会试士子夹带惩罚例 清廷

1845	道光二十五年	五月二十七日，四川总督宝兴奏，在乐山抓获青莲教首李一原。
1845	道光二十五年	六月初四日，准与比利时一体通商。
1845	道光二十五年	六月初六日，命山东巡抚**崇恩**及直隶总督**讷尔经额**剿捕濮州、郓城等处捻匪。

为严禁士子在科考中夹带作弊而制订的条例。主要内容有：（一）头场怀挟经书诗文，斥革枷杖，虽系误带，不准援减。（二）头场或二场夹带埋藏，至二三场或三场取巧者，斥革枷杖。（三）二场误带头场文字，三场误带头二场文字，免其枷杖，仍斥革。其二三场误带头二场自作文稿者，免其斥革，仍逐出不准入场。（四）误带字纸包裹食物及误带闲废字纸者，免其斥革，仍逐出不准入场。

崇恩 字仰之，号雨舲，别号香南居士、语铃道人，爱新觉罗氏，觉罗，满洲正蓝旗人。由贡生累官至山东巡抚。工书画，尤擅山水。精鉴别，富收藏。善诗，咸丰时，著有《宣城见梅图》。

讷尔经额（1784－1857） 字近堂，费莫氏，满洲正白旗人。嘉庆八年（1803）翻译进士，历官主事、郎中、道员、布政使等。道光九年（1829），授山东巡抚，十二年，擢湖广总督。后以督捕教首蓝正樽不力及京察考绩不佳，降湖南巡抚，继而褫职。不久起复，二十年，任直隶总督。次年，移驻天津筹防。咸丰二年（1852），拜大学士。次年，授钦差大臣，节制黄河以北诸军，防堵太平天国北伐军。后

1845	道光二十五年	六月上旬,台湾遭飓风袭击,三千余人淹毙。
1845	道光二十五年	六月十一日,命抚恤台湾彰化地震灾民。
1845	道光二十五年	六月十二日,署西宁总兵庆和赴西宁口外会哨,遇番乱,**庆和死难**。
1845	道光二十五年	六月二十四日,云南永昌府发生**回汉互斗事件**。

因防堵不力,北伐军逼近京畿,被革职逮问,定斩监候。五年,出狱遣戍军台,六年,释回,命守慕陵（道光陵墓）。

庆和死难 清制,西宁口外,例于每年六月由甘、凉、西、肃各提镇酌带兵弁会哨一次。道光二十五年六月初九日（1845年7月13日）,署西宁镇总兵庆和带兵出卡,至六月十二日（1845年7月16日）,行至据察罕鄂博部三十余里之金羊岭,突遇作乱番民,力战不敌,受伤阵亡。所带官兵亦死伤大半。

回汉互斗事件 咸同间云南回民大起义发生前,回汉武装冲突事件之一。先是,云南永昌府保山县板桥村回民因唱曲与汉民产生口角,引发互斗。当地汉族豪绅万桂林藉此组织汉民拆毁回民房屋,驱赶板桥回民,致使互斗升级。道光二十五年六月二十四日（1845年7月28日）,马大、张世贤等联合回众千余人,向板桥汉人寻仇。板桥附近的金鸡村练头沈聚成等纠集"香把会"回击。同时,官兵亦介入助汉杀回,遂使回汉互斗事件逐渐演变为回民的抗官起事。

潘锡恩（？－1867） 字芸

1845	道光二十五年	六月二十八日，命耆英等缉捕究办广州府属之三合会、卧龙会匪。
1845	道光二十五年	六月二十九日，南河总督**潘锡恩**奏报，桃源运河漫口。
1845	道光二十五年	七月初五日，命湖广总督**裕泰**等密速查拿湖南衡州之**金丹大道教**。

阁，安徽泾县人。嘉庆十六年（1811）进士。以大考绩优，累擢至光禄寺卿。于河务颇多建言。道光五年（1825），以道员发往南河，补淮扬道。翌年，授南河副总河。后历官至兵部、礼部侍郎。二十二年，疏言治河之策，寻代麟庆为江南河道总督。于治河有所建树。二十八年，以病乞归。咸丰中，命在籍办团练对抗太平军，以不力被褫职。同治三年（1863），捐复原职。

裕泰（？－1851）　字东岩，满洲正红旗人。由官学生考授内阁中书，迁侍读。嘉庆末，出为四川成绵龙茂道，历按察使、布政使。道光十一年（1831），擢盛京刑部侍郎。查勘科尔沁蒙旗荒地，奏禁私垦。十三年，授刑部侍郎，寻出为贵州巡抚。十六年，讨平古州、黎平匪乱。二十年，擢湖广总督。次年，镇压崇阳钟人傑起事。二十九年，湖南李沅发发动起义，督兵征剿，次年春敉平。寻调闽浙总督。咸丰元年（1851），调陕甘，入觐，卒。

金丹大道教　清民间宗教青莲教的别称，又名大乘教、三乘教。该教讲究坐功运气，认为此即金

1845	道光二十五年	七月十二日,允丹麦(丹麻尔国)在粤设立领事,一体通商。
1845	道光二十五年	七月二十三日,《中法黄埔条约》在澳门互换。
1845	道光二十五年	九月二十八日,饬令林则徐回京,以四、五品京堂候补。
1845	道光二十五年	九月二十九日,朝鲜国王咨文称,英船屡次移泊该国境内,命耆英开导英使,务令恪遵成约,彼此相安。
1845	道光二十五年	十月二十二日,耆英会晤德庇时于香港,商议舟山交还及广州进城问题。

丹大道,故名。宣扬如能练好坐功运气,就可却病祈福,成佛成仙。

上海租地章程 即《上海地皮章程》。道光二十五年(1845),英国首任驻上海领事巴富尔(Sir George Balfour, 1809—1894)胁迫苏松太道宫慕久签订,十一月初一日(1845年11月29日)公布,共二十三条。主要内容:划定洋泾浜以北、李家庄以南、东迄黄浦江之地,租与英人为建筑房舍及居住之用。允许英国人对划定区域有"永租"权。次年,又划定西以边路为界,面积共八百三十亩。此即后来的上海"英租界",为列强在华强占的第一个租界。

回疆新垦地亩事宜 清廷为加强对回疆的屯垦和控制而采取的举

1845	道光二十五年	十月二十二日，命云贵总督邓廷桢剿办永昌抗杀官兵之回民。
1845	道光二十五年	十一月初一日，《上海租地章程》公布。
1845	道光二十五年	十一月初五日，穆彰阿等议准**回疆新垦地亩事宜**。
1845	道光二十五年	十一月二十三日，谕耆英不允英人进入广州城。
1845	道光二十五年	十一月二十八日，美国东印度舰队统领，署理驻华公使**璧德**到达广州。
1845	道光二十五年	十二月初三日，《中美望厦条约》在广州互换。

措。主要内容是：原例内地换防各城官兵愿告驻者，班满酌留十分之三。嗣后，告驻兵丁愿领地承种着，准其徙眷常驻，不再限以比例。此外，发遣伊犁、乌鲁木齐罪犯，择其情有可原，携有妻室者，可赴回疆承种地亩。陕甘等省暨关外各处文武官员能资送眷民到回疆领种地亩者，按户口多寡，道路远近，分别奖励。发遣新疆革职官员，如能捐资招徕户口，亦准减年限。

璧德（Commodore James Biddle, 1783－1848）　一译璧珥。美国外交官。曾任美国东印度舰队司令官。1807年（嘉庆十二年），以美国商船大副身份首次来华。1844年（道光二十四年），参与中美《望厦条约》的签订。1845至1846年，代理美国

1846	道光二十五年	十二月十四日,法国公使刺萼尼离粤,临行前,照会耆英,坚请明降谕旨,弛天主教禁。
1846	道光二十五年	十二月十七日,命各省督抚将未获之青莲教要犯朱中立、**林依祕**、**彭依法**等人缉捕归案。
1846	道光二十五年	十二月十八日,广州民众掀起反英人进城运动。
1846	道光二十五年	十二月二十日,谕令耆英、广东巡抚黄恩彤,酌定天主教弛禁告示,于通行五口通商地方张挂。

驻华全权公使职务。

林依祕(1804—1873) 道咸同时期青莲教首领之一,"先天五行"中之金祕祖。原名林芳华,依祕系其道号。四川叙州府隆昌县人。道光二十五年(1845),清政府着力打击青莲教,总教主朱中立等多数首领被捕杀。惟其与彭依法逃脱,继续传教。咸丰八年(1858),彭依法去世后,曾执掌教务,任内选贤任能,仗义疏财,致力于扩大其教之影响。著有《太和堂书帖》等。

彭依法(1796—1858) 道咸时期青莲教首领之一,"先天五行"中之水法祖。原名彭德源,字超凡,依法系其道号。湖北沔阳人。曾主持拥立朱中立为总教主。道光二十五年(1845),在清当局的着力打击下,朱中立等首领先后罹难。其有幸脱逃。临危受命,执掌教务。重建先天道

1846	道光二十五年	十二月二十一日，令两江、闽浙各督抚，接到粤中所拟弛禁天主教示谕底稿后，即在通商各处张挂。
1845	道光二十五年	是年，"美华书馆"在宁波创办。
1846	道光二十六年	正月十三日，明降谕旨，弛天主教禁，并给还康熙年间之旧教堂。
1846	道光二十六年	正月二十五日，云南永昌回民聚众报复汉人。
1846	道光二十六年	二月初一日，为平息广州民怨，从耆英请，将广州知府**刘浔**撤职。

场，严立佛观。著有《破迷宗旨》、《历年书帖》、《十六条规》等。

美华书馆 美国长老会在宁波创办的印刷所。其前身是道光二十四年（1844）创设于澳门的"花华圣经书房"，由道光二十五年（1845）迁至宁波改设而成该馆。咸丰十年（1860），又迁至上海。至19世纪末，发展成为外国教会在中国所办的规模最大的印刷出版机构。所出之书大多属于宗教方面，但也有一些介绍西方科学知识方面的书籍，比如《地理略说》、《格致质学》、《代数备旨》、《代形合参》、《万国药方》等。其中有些还被不少教会学校选作教科书。

刘浔 道光间曾任广州知府。道光二十五年十二月（1846年1月），两广总督耆英与广东巡抚黄恩彤联衔张贴禁止绅民阻挠英

1846	道光二十六年	三月初三日，**福州发生中英冲突**。
1846	道光二十六年	三月初八日，中英签订《**英军退还舟山条约**》。
1846	道光二十六年	四月初四日，驻藏大臣琦善奏，在西藏拿获法国传教士**约则噶毕**和**额洼哩斯塔**。

人进入广州城，并派其与英人商定进城日期。事为社学侦知后，民众愤怒异常，数千民众闯入知府衙门，烧毁其朝珠公服。他自后院翻墙逃出，旋被耆英当作替罪羊奏请革职。

福州发生中英冲突 鸦片战争后，福州开埠。英国外交官获准进驻福州城。中英人之间时有抵牾。道光二十六年三月初三日（1846年3月29日），福州南台港地方民人因英国水手赴市杀价强买，消息传出，一时民情激愤，殴伤英商及其随从数人。并于初六日（1846年4月1日），复聚众至英人洋馆砸抢。

英军退还舟山条约 由钦差大臣、两广总督耆英和英国驻华全权公使德庇时于道光二十六年三月初八日（1846年4月3日）签订。条约共五款。主要内容有：（一）英人待广州士民民情妥定后再入城；（二）划定广州城外若干地方为英人散步之地，英人之安全应予保证；（三）英军退还舟山后，清不得将该地给予他国；（四）舟山岛日后若被他国侵犯，英国将予保护；（五）一俟清朝皇帝批准该条约，英军立即交还全岛。

约则噶毕（Joseph Gabet, 1808－1853） 一译秦。法国遣使会传教士。1835年（道光十五年）来华，在黑水、热河、内蒙

1846	道光二十六年	四月十六日,命云贵总督贺长龄查办永昌回民动乱。
1846	道光二十六年	闰五月初四日,以**青海黑错四沟番乱**,命陕甘总督**布彦泰**剿办。

古等地传教。1844年,与额洼哩斯塔神甫离开黑水,同从蒙古而至西藏传教游历。曾为清地方当局所拘,解至四川,不久释归澳门。后死于巴黎。

额洼哩斯塔（Evariste-Reqis Huc, 1813-1860） 一译古伯察。法国遣使会传教士。1839年（道光十九年）来华。1844年,与约则噶毕一同从蒙古而至西藏传教游历。曾为清地方当局所拘,解至四川,不久释出。1848年,转赴浙江传教。1852年（咸丰二年）回国。后死于巴黎。著有《鞑靼、西藏、中国游记》、《基督教在中国、鞑靼和西藏》等。

青海黑错四沟番乱 自道光二十四年（1844）后,青海番民屡次作乱戕杀官兵。道光二十六年二月,清军访知上年杀害土千户的番族头目束奴脱八藏匿于西宁口外之黑错寺地方,便遣副将札勒罕布带领官兵千余名前往查拿。然黑错四沟番民拒不交凶,纠集马步队一千七八百人,将官兵击溃。此后,清军又三次派兵征讨,均未奏功。闰五月,西宁办事大臣达洪阿亲督率大军全力攻剿,始将叛乱平定。

布彦泰（1791-1880） 颜扎氏,满洲正黄旗人。由荫生授蓝翎侍卫,累擢伊犁领队大臣。道光初,擢头等侍卫。历喀什噶尔参赞大臣、伊犁领队大臣、喀什

1846	道光二十六年	闰五月初五至初六日,湖北**荆州发生旗汉冲突**。
1846	道光二十六年	闰五月二十九日,广州英商请英政府派兵船来粤。
1846	道光二十六年	六月初三日,英军退出舟山。
1846	道光二十六年	六月初五日,湖广总督裕泰奏,在潜江拿获西班牙传教士陆怀仁(Michael Navarro, 1809－1877)。
1846	道光二十六年	六月十三日,陕甘总督布彦泰、陕西巡抚林则徐奏,青海番乱平。
1846	道光二十六年	六月十六日,密立皇四子奕詝为储君。
1846	道光二十六年	七月十六日,法国传教士牧若瑟在直隶井陉

噶尔总兵、察哈尔都统等职。二十年(1840),授伊犁将军。二十四年,疏报塔什图毕等处开垦迭著成效,加太子太保。又奉命会勘开垦乌鲁木齐及各城旷地。二十五年,授陕甘总督,督兵剿平青海番乱。二十七年,授定西将军,击退安集延布鲁特之犯。后以事降调。咸丰二年(1852),授正白旗汉军副都统,仍留边任。四年,回京,以疾开缺。

荆州发生旗汉冲突 驻防八旗官兵及家眷与汉民间的冲突。先是,荆州驻防旗人与汉城铺户因买卖争价及规划龙舟争胜,累积怨恨。至是,有满洲营旗人,纠众绕进汉城,专寻咸宁、武昌二县铺民滋闹,共殴伤二十余人,

		被拿获。
1846	道光二十六年	七月二十日,以云南回汉积嫌未释,命贺长龄持平办理,勿分畛域。
1846	道光二十六年	八月初五日,上海英租界西界址议定。
1846	道光二十六年	八月十五日,江苏昭文县起事首领金德润被捕获。
1846	道光二十六年	八月二十日,以耆英密陈练兵、储饷事宜,诏命沿海七省将军、督抚等认真核办,不动声色,严密办理。
1846	道光二十六年	九月初八日,美国新任驻华公使**义华业**与耆英会晤,并递交国书。

并有因伤毙命者。砸毁铺面一百四十九家,咸武客民会馆亦遭焚毁。事发后,湖广总督裕泰、湖北巡抚赵炳言寻将事奏闻,道光谕令严惩凶犯。

金德润(?－1846) 江苏昭文(今常熟)人。道光二十六年(1846)春,昭文县因完漕粮事,官民发生矛盾,金德润乘机率领部分乡民滋事作乱,冲击官衙,哄抢富户,时聚时散。江苏巡抚李星沅发兵督捕,滋事头领先后落网。八月十五日(1846年10月4日),金亦被捕获,二十二日(1846年10月11日),被处决于苏州。

义华业(Alexander Hill Everetts, 1790－1847) 美国外交官。1845年(道光二十五年),被美

1846—1846

1846	道光二十六年	九月初九日,命江浙**招商买米**,由海运运至天津,以济仓储。
1846	道光二十六年	九月十八日,据奏,湖南新田县**王宗献起事**,被捕获,谕令亲提审讯,寻奏拟斩立决。
1846	道光二十六年	九月十九日,以四川富民、璧山等县**啯匪**横行,命认真查缉。

国政府任命为驻华全权公使。因病迟至次年才到任。又次年,死于中国任上。

招商买米 嘉道以后官府日趋常用的备荒和灾赈举措。清代建立了较为完备的灾赈制度,一般都由官府以行政手段来实行,仓储存粮或由民间捐缴,或由官府派员动帑采买。嘉道以后,由于国家的荒政日趋隳坏,地方官府开始从主要依靠行政手段转向较多地利用经济方法,招商买米就是其中的内容之一。为示鼓励,官府一般会对商家实行一定的优惠政策,比如,免除部分或全部税收,动帑借给一定数量资金等。

王宗献起事 道光间发生在湖南东安的会党武装斗争。王宗献,湖南祁阳人,先是,曾利用秘密结社开展活动,在东安县聚集会众数百人。道光二十六年(1846)九月,组织武装起义。占领芦洪司(今东安县东北),制造器械,抗拒官兵,并打击当地土豪劣绅。受到地主团练的围攻。王宗献带领会众转战至祁阳文明铺,被清军追杀,起事失败。

啯匪 即啯噜,又称啯噜子、啯噜党。清四川地区的秘密会社。产生于乾隆年间,关于其源流说

1846	道光二十六年	十月十六日，以本年多次发现外国传教士在内地非法传教，谕各国夷人以后惟当自行约束，恪遵成约。
1846	道光二十六年	十月二十日，耆英奏，英使德庇时来文，称**克什米尔**与后藏交界，请明定界址，并准予通商，现已回文拒绝。
1846	道光二十六年	十一月十三日，云南顺宁**云州回民起事**。

法不一。成员以流民、破产劳动者为主，亦有纤夫、私盐贩、散兵游勇等。其数人或上百人结为一伙，身带武器，强乞强买，彼此互相帮助，危难时未经许可不得逃散。首领称"老帽"，其下有帽顶、大王、大满等头目。嘉庆后，日趋活跃，且反清色彩益浓，结社时，会众将发辫剪下烧灰，入酒共饮。至光绪年间，其活动逐渐消亡。

克什米尔 全称查谟和克什米尔，在清代一些文献中又称加治弥尔。位于南亚次大陆北部地区，与中国的西藏和新疆接壤。全境面积十九万平方公里。该地自古以来为印度、中国、中亚和欧洲的交通纽带。是时其为英属"印度帝国"的一个土邦。1947年，印度和巴基斯坦分治时，未明确规定其归属，成为印、巴两国长期的争端缘由，演化为现代的克什米尔问题。

云州回民起事 咸同间云南回民大起义前发生的小规模的回民起事。先是，云州回民黑脸马五，因买米与汉人发生口角，便邀人前往殴打。后闻官府查拿，遂唆使郭望年、董老官等人，于道光二十六年十一月十三日（1846年

1847	道光二十六年	十一月十八日，**容闳**等三人赴美求学，是为中国首批留学生。
1847	道光二十六年	十一月二十五日，以近年京漕亏短，定《**鼓励江浙商人买米北运办法**》。
1847	道光二十六年	十二月二十日，就英人请于后藏定界通商一事，道光谕耆英坚守成规，持以镇静，勿为

12月30日）纠合回民一百五十余人起事。抢掠汉人村寨，击杀练丁。在此后的一个多月中，回众遭遇官兵被击败，则四处逃散，得便又聚集抢掠，不计次数。后主要头目多为官兵捕杀。

容闳（1828—1912） 字达萌，号纯甫，广东香山南屏镇（今属珠海）人。早年入澳门马礼逊书院。道光二十六年十一月十八日（1847年1月4日），受书院资助，赴美国留学。咸丰四年（1854），毕业于耶鲁大学，并入美国籍。先后在香港、上海等地任翻译等职。太平天国运动期间，曾赴天京（今南京）拜会干王洪仁玕，提出组织新式军队、设立武备学堂等建议。同治间，曾受曾国藩委派，赴美购买机器。并通过江苏巡抚丁日昌向清廷建言派遣幼童赴美留学。后任中国驻美副公使。热心学习西方、变法维新等事务，曾参与戊戌变法。光绪二十八年（1902），移居美国。

鼓励江浙商人买米北运办法 为鼓励江浙商人买米由海道运至天津以应对运京漕粮逐年减少而临时采取的办法。办法规定，此次商运米石一经到津，即特派大臣前往克期收买，不准市侩经手，俾各商咸沾利益。运米较多之商人，奏请奖励。其商运米船，照

		1847-1847
		摇惑。
1846	道光二十六年	是年,上海旗昌洋行成立。
1846	道光二十六年	是年,**梁廷枏《海国四说》**出版。
1847	道光二十七年	正月初十日,耆英奏,英人西藏定界通商之请出现转机,只欲指明旧界,通商仍照旧章。

道光六年(1826)海运章程,每船准其八成载米,二成载货,由该处海关查明,免税放行。这一办法此后不断被采用,并最终取代了漕运。

梁廷枏(1796-1861) 字章冉,号藤花亭主人,广东顺德人。副贡生。博学多识,关注时政并留心外国史事。道光十八年(1838),受聘为《粤海关志》总纂。次年,任广州越华书院监院。后以地方绅士的身份襄助林则徐禁烟抗英,支持广州民众反英人入城。并参考西人著述,撰成《海国四说》。咸丰中,赐授内阁中书,加侍读衔。曾撰写《夷氛闻记》,记叙鸦片战争及反入城斗争事甚详。另著有《南越丛书》、《藤花亭诗文集》等。

海国四说 书名。梁廷枏撰。作者从道光十五年(1835)开始,便致力于采集海外旧闻及各种报章、西人著述中的有关资料,探究西方国家"岛屿强弱,古今分合之由"。二十四年,完成了《耶稣教难入中国说》、《合省国说》、《粤道贡国说》等三部著作,二十六年,又写成《兰仑偶说》,合刊而为该书。后稍加修订,复刊于咸丰间。该书非一般的译作或数据汇编,而是关于世界史地的一家之撰述,为国人

1847	道光二十七年	正月二十一日，外船初从厦门载**华工**出洋。
1847	道光二十七年	正月二十六日，英美人被殴之**佛山事件**发生。
1847	道光二十七年	二月初四日，耆英与瑞典、挪威两国签订五口通商章程。
1847	道光二十七年	二月初六日，英使德庇时向耆英抗议佛山事件。
1847	道光二十七年	二月初九日，以云南云州回民起事，命李星沅剿之。
1847	道光二十七年	二月十八日，德庇时领兵**突袭广州**。
1847	道光二十七年	二月二十一日，耆英接受德庇时要求，允英

论述西洋史事之嚆矢。

华工 19世纪被西方殖民者贩卖出洋做劳工的中国苦力。为了赚取高额利润，19世纪中叶，英、法、美、义、西、葡等国殖民者开始在中国做起了贩卖苦力劳工的罪恶贸易。鸦片战争后，随着一批不平等条约签订，"苦力贸易"开始日趋兴盛。大量的人口贩子纷纷利用诱骗加胁迫等手段在通商口岸四处拐掠闽粤等省的农民和城市贫民，将他们运往南北美洲及澳洲和太平洋岛屿做苦力。在拐掠和贩运的过程中，他们往往遭受非人的待遇，故死亡率甚高。第二次鸦片战争后，数量进一步增加，19世纪70年代开始逐步减少。

佛山事件 广州民众在反英人入城斗争进城中发生的事件。佛山

		1847—1847
		人两年后进广州城,惩办凶犯,划河南地为租界。
1847	道光二十七年	二月二十五日,美公使义华业致书美国务卿,主张美法俄共同维护中国独立,以对抗英国。
1847	道光二十七年	三月十六日,调林则徐为云贵总督。
1847	道光二十七年	三月十九日,以夷人反复无常,命耆英练兵练将,团结民心,以为根本。
1847	道光二十七年	三月二十九日,以广东易起争端,本省兵力防范难周,命耆英与广西预备劲旅二三千名,以备调遣。

是广州附近的大镇,常有英人窜至该地。道光二十七年正月二十六日(1847年3月12日),又有英人进入佛山游眺,与当地民众发生冲突,有七名英人被殴。英国公使德庇时为此多次要求耆英处治凶犯,并乘机再提入城要求。后在璞鼎查的武力威胁下,最终以杖责佛山镇民数人,并赔偿了结。

突袭广州 德庇时针对清广州当局而采取的军事行动。佛山事件发生后,英国公使德庇时对耆英处理的佛山事件大为不满,同时亦企图以此为契机,胁迫两广总督耆英同意其入城要求。遂于道光二十七年二月十八日(1847年4月3日),带领大小船舰二十余只,英军一千余人,占据虎门,并突入省河,炮击广州。提出

1847	道光二十七年	四月初七日,广州民众集会,抗议**英人强租河南地**。
1847	道光二十七年	四月初八日,卜巴什等奏,"布鲁特匪"复攻色埒库勒,击退之。
1847	道光二十七年	四月二十五日,赐**张之万**等二百三十一人进士及第出身有差。
1847	道光二十七年	五月,英使德庇时向耆英租借广州十三行街南口地,并筑围墙。
1847	道光二十七年	六月十一日,理藩院拒绝俄国增添塔尔巴哈台、伊犁和喀什噶尔三处为通商口岸的要求。

惩治佛山事件凶手、赔偿和准许入城等七项要求,限八小时内答复。耆英为避免开启边衅和激起民变,最后决定:"凡所要求皆许之,惟入城一事,约在两年以后。"德庇时见要求基本满足,领兵退出虎门。

英人强租河南地 道光二十七年（1847）二月,德庇时领兵突袭广州,胁迫耆英同意租界省河以南之地于英人。以此为依据,德庇时于四月初二至初四日（1847年5月15日至5月17日）,擅自带人来到广州河南洲头,"自为丈量,插旗志界"。该地与十三行隔河相望,具有较重要的战略位置,且是附近居民依生谋业之地。英人的行为,激起当地民众的强烈反对,四月初七日（1847年5月20日）,来自四十八乡的三千余人聚集洋馆抗议。并书《河南合堡绅耆公启》分发全省

1847	道光二十七年	六月二十四日，叶尔羌发生安集延暴动，参赞大臣赛什雅勒泰自杀。
1847	道光二十七年	六月三十日，礼部奏定**《旌表建坊章程》**。
1847	道光二十七年	七月十七日，洪秀全到广西桂平紫荆山会晤冯云山。
1847	道光二十七年	七月二十四日，耆英等奏，英人向背视乎贸易之通塞，目前不至决裂。谕令仍密为筹度，以备不测。
1847	道光二十七年	七月二十七日，**七和卓之乱**开始，围攻喀什噶尔、英吉沙尔。

各地。得到全省各地，特别是广州民众的热烈响应。英领事见众怒难犯，只得暂时将此事搁置。

张之万（1811－1897） 字子青，直隶南皮人。道光二十七年（1847）丁未科状元，授翰林院修撰。累迁至詹事府詹事，兼署工部左侍郎。咸丰十一年（1861），曾支持祺祥政变。同治元年（1862），诏偕太常寺卿许彭寿等汇辑前代帝王及垂帘事迹可法戒者上之，锡名《治平宝鉴》。以河南巡抚奉命督师进剿捻军。一度因疆场败绩，被革职留任。后历官闽浙总督、兵部尚书、军机大臣、大学士等。精绘画。著有《治河刍言》、《张文达公遗集》。

旌表建坊章程 清廷为进一步奖励节烈妇女而制订之章程。该章程规定，嗣后各部随案题请旌表之烈妇烈女以及年终汇题之烈

1847	道光二十七年	七月，云南回民**丁灿廷、杜文秀等两次至京控告香匪滥杀回民**，命林则徐严讯究办。
1847	道光二十七年	八月初一日，拨银**赈济河南亢旱**。
1847	道光二十七年	八月十三日，云南**姚州白盐井回汉互斗**开始。

妇烈女，均给予建立专坊，以示奖异。其余俱归入总坊，年终汇题。

七和卓之乱 道光间和卓木族发动一次进犯回疆的叛乱。道光二十七年（1847），浩罕国内政局混乱，避居浩罕国内加他汉等七和卓乘浩罕放松对其控制之机，煽动部分教徒及少数布鲁特人，于七月二十七日（1847年9月6日）起，再次从浩罕举兵入寇，进攻回疆喀什噶尔、叶尔羌等城。由于回疆久受兵燹之苦的广大回众拒不响应，故当清援军一到，入寇之敌便不战而逃。事平后，清廷仍准中、浩双边照旧通商。

丁灿廷、杜文秀等两次至京控告香匪滥杀回民 云南永昌、顺宁、缅宁、云州一带汉回，屡次构衅，积怨深重。互斗事件发生后，当地官府对汉人较多回护。道光二十五年（1845），永昌保山汉回互斗演变为回民的抗官行动后，永昌知府恒文唆使汉族豪绅带领香会练丁，大肆屠戮保山县城内外之回民，被杀会众达八千（一说四千）余人。回民丁灿廷、杜文秀等以理不得伸，分别于七月初二日（1847年8月12日）和十八日（1847年8月28日），相继赴京控诉。后林则徐等人，以事出有因，控诉不尽为实结案，并未予切实的追究。

赈济河南亢旱 道光晚年朝廷实行的较大规模的赈济活动。道光二十七年（1847），河南开封等

1847	道光二十七年	八月十八日,授布彦泰为定西将军,奕山为参赞大臣,剿办新疆回乱。
1847	道光二十七年	九月初十日,湖南新宁瑶民**雷再浩举事**。

府雨泽稀少,亢旱异常,全省各地大部成灾,民生艰难。清廷得报后,于八月初一日(1847年9月9日)命户部拨银十万两,并令相邻省份分别凑拨二十万两,迅速解往河南备赈。寻又以江苏年谷顺成,谕令买米十万石解豫接济。

姚州白盐井回汉互斗 咸同间云南回民大起义发生前,回汉武装冲突事件之一。云南姚州地方,回汉杂处,民族积怨颇深。道光二十七年八月十三日(1847年9月21日),汉民王开汶等因回民沙汶英家藏顿军器,盘查争闹,致有杀伤,回汉因此构衅。此后至十五日(1847年9月23日),双方各自聚众在白塔街、羊排等村庄发生大规模互斗烧杀,损失惨重。汉民被烧房屋二千六百八十余间,伤毙男女三百二十七人;回民被烧毁房屋二百六十余间,伤毙男女六十五人。后在官兵弹压下,事态才得以平息。

雷再浩举事 道光间湘桂一带的瑶民起事。雷再浩,湖南新宁人,瑶族。曾加入青莲教,并与广西全州李世德(得)等人吸纳瑶、汉民众组织棒棒会。道光二十七年九月初十日(1847年10月18日),雷在家乡聚众百余人发布"讨满清檄文",发动武装起义,军分五营,旗分五色。后至广西全州与李世德等会合,占领全州咸水口等地,活动于湘桂边界的深山丛林之中。十一月,清

1847	道光二十七年	十月初二日，命各省严缉会匪、捻匪等，除莠安良。
1847	道光二十七年	十月十七日，英政府训令德庇时，勿再向中国进行侵犯行为。
1847	道光二十七年	十月二十四日，接叶尔羌参赞大臣奕山奏，所带官兵连获胜仗，英吉沙尔解围。
1847	道光二十七年	十月二十六日，湖南叛瑶头领雷再浩被擒，乱平。
1847	道光二十七年	十月二十七日，奕山奏，喀什噶尔解围，叛

廷调派湘桂两省兵力合力攻剿，李世德等兵败阵亡。雷再浩率兵退回新宁，不久再败于地主武装江忠源部，被俘而死。

黄竹歧事件 鸦片战争后中英间发生又一次民众冲突。道光二十七年十月二十八日（1847年12月5日），一部分英人乘船驶入广东省河北路一带打鸟游玩，至南海县属之黄竹歧地方，登岸撞入村中栅闸，肆无忌惮地放枪猎鸟。村民闻枪纷纷赶来阻拦，英人见状，惊恐暴躁，妄图行凶，反被村民殴毙六人。村民亦有一人毙命，一人重伤。事发后，英人强烈抗议，照会耆英，要求交出凶手，甚至烧毁黄竹歧村。清广州当局据理力争，最后以官府拘捕十余人，处死三人，并刊刻遍帖"毋许妄杀"之公函而了结。

生员 明清科举制度中最低一级的功名。凡经童试合格，进入各府、州、县学学习者，为生员，习称秀才，亦作诸生。分廪生、

		回溃散。
1847	道光二十七年	十月二十八日,广州发生**黄竹歧事件**。
1847	道光二十七年	十一月十一日,耆英将黄竹歧事件凶手四人正法。
1847	道光二十七年	十一月二十一日,广西桂平**生员**王作新率团练逮捕冯云山,被拜上帝会众抢回。
1848	道光二十七年	十一月二十七日,美以**德威士**为驻华公使。
1848	道光二十七年	十一月二十九日,云南永昌**保山汉人打夺京控人证**。

增生、附生三等。生员入学后,每年都要受到地方学官及学政的监督考核。廪生岁给廪米,有定额,从增生中根据岁考和科考成绩递补。凡为生员者,就有资格参加高一级科举考试——乡试的资格。其较平民,在服役、涉案等方面具有一定特权。

德威士(John Wesley Davis, 1799—1859) 美国外交官。医师出身。1848年(道光二十七年底)继义华业为美国驻华全权公使。1850年,辞职回国。

保山汉人打夺京控人证 咸同间云南回民大起义发生前,回汉武装冲突事件之一。道光二十七年(1847)七月,杜文秀等人赴京控案,谕令林则徐严迅究办后,林则徐便开始认真查办回汉互斗事件。十一月二十九日(1848年1月5日),保山县金鸡村练头沈聚成因被控有名,害怕提审对质与己不利,遂发动保山七哨烧香结会之众万余人,突起伏击官

1848	道光二十七年	十二月十二日,王作新再捕冯云山等,投入桂平县监狱。
1848	道光二十七年	十二月二十五日,耆英奏,英使来文,印度已派员往查后藏与克什米尔通商旧界。诏命四川总督琦善及驻藏办事大臣即派员前往办理。
1848	道光二十七年	十二月二十九日,命耆英来京陛见,以广东

兵,劫夺解送赴省质讯京控案人证周曰庠等九人。次日,又率众冲入县城,焚烧县署,劫狱放出香会人犯,四处捕杀回民。并断绝交通与文报往来,假造公文,栽赃回民。事后,林则徐以先后惩办四五百人肇事人员而了结此案。

徐广缙(1797—1858) 字仲升,一字靖侯,河南鹿邑人。嘉庆二十五年(1820)进士,迁御史。道光十三年(1833),出为陕西榆林知府,历道员、按察使、顺天府尹、布政使等职。二十六年,擢云南巡抚,调广东。二十八年,擢两广总督,兼通商大臣。二十九年,英国公使文翰要求践约入城,徐广缙假广州民众抗拒声势,以众怒难犯为词,最终迫使文翰放弃入城要求。晋封一等子爵。咸丰中,授钦差大臣,督兵与太平军作战,不利,被处斩监候。后释出,命办团练。咸丰八年(1858),从征捻军,病死。

叶名琛(1807—1859) 字昆臣,湖北汉阳人。道光十五年(1835)进士。十八年,出为陕西兴安知府。历官道员、按察使、布政使。二十八年,擢广东

		巡抚**徐广缙**署钦差大臣、两广总督，布政使**叶名琛**护理广东巡抚。
1848	道光二十七年	十二月二十九日，谕徐广缙，嗣后遇有民夷交涉，不可瞻徇迁就，有失民心。
1847	道光二十七年	是年，姚莹《**康辀纪行**》出版。
1848	道光二十八年	正月二十日，云南大理府**弥渡回民起事**，经月失败。

巡抚。次年，协总督徐广缙使英国公使文翰放弃入城要求。晋封一等男爵。咸丰二年（1852），讨平罗定等地之反清斗争，捕杀凌十八，授两广总督兼通商大臣。四、五年间，剿杀广州各地之起事之天地会众甚力。六年，拜大学士。第二次鸦片战争中，被英法联军俘获。后死于印度加尔各答。

康辀纪行 书名。姚莹撰，十六卷。鸦片战争后，姚莹贬官四川，于道光二十四年至二十六年（1844—1846）间两次奉命赴西藏办事。该书即他在奉使期间所写之日记。于二十七年撰成并付梓。主要内容有六：（一）乍雅使事始末；（二）喇嘛及诸异教源流；（三）西藏山川形势风土及英、俄、印度等国情况；（四）入藏诸路道里远近；（五）泛论古今学术；（六）沿途感触杂撰诗文等。其写作目的一是为更好地控制经营西藏，二是为预防外人侵略献策。现有同治六年（1867）重刊本。

弥渡回民起事 咸同间云南回民大起义发生前的回民武装起事之一。保山汉人的劫案进一步激起了回民的仇怨，正当林则徐征调

1848	道光二十八年	二月初四日,江苏青浦县发生**麦都思事件**。
1848	道光二十八年	二月十八日,**文翰**代德庇时任英国驻华公使兼香港总督。
1848	道光二十八年	二月十九日,以江西长宁、崇义两县匪乱,

大军准备亲赴大理督办该案时,赵州弥渡爆发了沙金陇率领的回民动乱。道光二十八年正月二十日(1848年2月24日),动乱会众齐攻弥渡城街,击败汉人地主武装,抢夺汉人资财,击伤赵州知州、都司等官员。此后,又乘胜攻占了弥渡附近的一些村寨。林则徐闻讯后,立即改变行程,督兵赴弥渡弹压。二月初三日(1848年3月7日),清军攻复弥渡,动乱平息。

麦都思事件 即"青浦教案",又称"青浦事件"。道光二十八年二月初四日(1848年3月8日),英国传教士麦都思等三人擅入江苏青浦县(今属上海)传教,与停泊在当地的漕船水手发生争殴,受有轻伤。事发后,该县令抓获漕船水手两人予以枷责,并将麦都思等人送回上海。英国驻上海领事阿礼国(Sir Rutherford Alcock, 1809—1897)不满处置,停付关税,派军舰封锁长江口,截留千余艘漕船,并派副领事乘兵舰赴南京要挟。两江总督李星沅抵沪,将十名水手审讯判刑。其后又将苏松太道咸龄革职。

文翰(Sir Samuel George Bonham, 1803—1863) 一译濮亨。英国外交官兼行政官。早年在东印度公司任职。道光二十八年(1848),继德庇时任英国驻华公使兼香港总督。任内包庇

1848—1848

		命**吴文镕**剿捕之。
1848	道光二十八年	二月二十二日，洪秀全自广西到广州，谋求营救冯云山。
1848	道光二十八年	三月初三日，拜上帝会**杨秀清**初次托**天父下凡**。

鸦片走私，干涉中国海关，并多次要求粤督允许英人入城，因广州民众强烈反抗，未果。1850年，派人乘船至天津，向清政府送交"抗议书"。授男爵。1853年（咸丰三年），曾赴天京（今南京）访问，刺探太平天国之对外政策。次年，奉调回国。

吴文镕（1768—1854） 字甄甫，江苏仪征人，嘉庆二十四年（1819）进士。六迁侍读学士。历官顺天学政，内阁学士，礼部、刑部侍郎。屡奉命偕大学士汤金钊赴安徽、浙江、江苏及南河按事。道光十九年（1839），出为福建巡抚，偕总督邓廷桢筹防。二十一年，调江西巡抚，任内举廉惩贪，吏治清明。三十年，擢云贵总督，于镇压少数民族起事颇为得力。咸丰四年（1854），调湖广总督。次年，在黄州（今湖北黄冈）督兵败于太平军，投水自尽。

杨秀清（1823—1856） 原名嗣龙，广西桂平人，祖籍广东嘉应州（今梅县市）。幼失怙恃，家境贫苦，稍长以种山烧炭为业。道光二十六年（1846），加入拜上帝会。二十八年三月初三日（1848年4月6日）开始，假托天父下凡，取得"代天父传言"特权，掌会中军务。三十年，参与领导金田起义，任中军主将。次年，克永安后，封东王，节制以

1848	道光二十八年	三月初五日，命耆英即赴江苏处理青浦麦都思事件。
1848	道光二十八年	三月二十九日，云南永昌滋事汉人降服，乱平。
1848	道光二十八年	四月十二日，申谕两广、湖南、江西各省饬拿会匪。
1848	道光二十八年	五月初四日，理藩院再拒俄罗斯通商伊犁等城之请。

下各王，握掌军政大权。此后，领导太平军取得了一系列胜利，咸丰二年（1852），定都天京后，居功自傲，与天王洪秀全等人的矛盾日深。六年，在天京事变中为韦昌辉所杀。

天父下凡 拜上帝会中一种巫术性的仪式。天父是拜上帝会信仰中的最高主宰。道光二十八年（1848），冯云山被官府拘捕入狱，洪秀全又避回广东，桂平的拜上帝会失去了主持人，一时人心涣散。杨秀清借机附会当地巫术，假托天父下凡附体，以天父的身份发号施令，安定人心。在教中，洪秀全本是以天父次子、耶稣之弟的名义在人间拯救世人的。这样一来，杨在宗教上就位居洪之上了。故此虽暂时起到了稳定军心的作用，但也为日后天国领导层的分裂埋下了伏笔。

官员同省回避例 清廷为加强对官员回避的监管而制订的条例。条例规定：嗣后祖孙父子，胞伯叔兄弟，自道府以至佐杂等官，概不准同官一省，官小者回避。如官职相同，祖孙父子，令其子其孙回避；胞伯叔兄弟，令候补

1848	道光二十八年	五月十二日和二十日,文翰两次照会徐广缙,要求履行两年后入广州城之约,均被拒绝。
1848	道光二十八年	七月初一日,俄罗斯商船到上海请求通商,被拒。
1848	道光二十八年	八月初三日,定《官员同省回避例》。
1848	道光二十八年	九月初九日,拜上帝会萧朝贵初次托**天兄下凡**。

后至者回避。至同祖兄弟及例应回避之外姻亲族,有同在一府为丞倅牧令佐杂等官,虽非统辖,亦令官职小者回避。以别府之缺补用、试用人员,亦不准同在一府当差。河工人员照地方办理。河道总督及盐政督抚,系属祖孙父子兄弟外姻戚族,虽系隔省,有关考核纠参之责者,亦令回避,分别调补。

萧朝贵(约1820－1852) 广西桂平人,原籍武宣,壮族。早年以种山烧炭为业。道光二十六年(1846),经冯云山介绍加入拜上帝会。二十八年,假托天兄耶稣下凡,取得"代天兄传言"特权。金田起义后,领前军主将,"勇敢刚强,冲锋第一"。克永安(今蒙山)后,封西王。咸丰二年(1852),太平军从永安突围,参加城东之战,大败清军。五月,太平军入湖南,与杨秀清会衔发布檄文,号召人民起义,推翻清朝政府,建立太平社会。七月,克郴州,围攻长沙,中炮受伤卒。

天兄下凡 拜上帝会中一种巫术性的仪式。天兄是拜上帝会信仰

1848	道光二十八年	九月十一日，英外相训令文翰，如中国允许公使进城拜晤钦差大臣，广州进城问题即可了结。
1848	道光二十八年	十月初二日，密谕徐广缙开导英人，剖析利害，勿拘执进城之议。
1848	道光二十八年	十月初三日，分别寄谕两广、两江、闽浙三总督，著密派精细晓事大员，于民夷聚集之处，留心访拿通夷主唆之汉奸。

中仅次于天父的神灵，即耶稣，位居洪秀全代表的上帝次子之上。杨秀清假托天父下凡不久，萧朝贵亦仿效这一做法，于道光二十八年九月初九日（1848年10月5日）开始，假托天兄下凡。藉此稳定发展拜上帝会。后洪秀全回到桂平，见已既成事实，也只好默认了。由于萧朝贵金田起义后，中途阵亡，此事产生的不良影响较小。

上海道 苏松太道之通称。顺治年间，设苏松兵备道，驻苏州。后屡有裁并。雍正时，复设苏松巡道，移驻上海，加兵备衔。乾隆元年（1736），并入太仓直隶州，为分巡苏松太兵备道，兼水利、渔业、关务，辖苏州、松江、太仓三府州。二十五年，改为松太道，嘉庆十六年（1811），复旧。因驻上海，故称上海道。

扩大上海英居留地 根据《上海租地章程》，英国取得了八百多亩的居留地，但其并不就此满足。麦都思事件发生后，英驻沪领事以此为借口，胁迫新任上

1848	道光二十八年	十月二十一日,第二次试行江苏部分漕粮海运。
1848	道光二十八年	十一月初二日,英驻沪领事与**上海道**议定**扩大上海英居留地**。
1848	道光二十八年	十一月初五日,以已故越南国王阮福暶嗣子福时袭位,命广西按察使**劳崇光**往封。
1848	道光二十八年	十一月初八日,台湾彰化嘉义等地地震。
1848	道光二十八年	十一月十五日,发布《**大加整顿兴利除弊谕**》。

海道麟桂与其议定扩充上海英人居留地。将其向西延伸到泥城滨（今西藏路），向北拓展到苏州河边，从而将英人向往已久的李家庄一带囊括于内,面积达二千八百二十亩,较原来扩大了两倍多。

劳崇光（1802－1867） 字辛阶,一字辛陔,湖南善化（今长沙）人。道光十二年（1832）进士。二十一年,出为山西平阳知府。调太原,擢冀宁道,迁广西按察使。二十八年,奉使赴越南册封。三十年,授广西布政使,与提督向荣镇压李沅发起事和天地会起事,寻署巡抚。太平天国运动兴起后,曾督兵征剿太平军。咸丰二年（1852）,实授广西巡抚。九年,调广东巡抚,兼署两广总督。同治二年（1863）,擢云贵总督,多次督兵弹压滇东、黔西少数民族之乱。

大加整顿兴利除弊谕 道光晚年,各种社会问题日趋严重,道光帝为示振作,并督促各省大员兴利除弊而发布该上谕。主要内容有：（一）派员清查核办长

1848	道光二十八年	十二月初五日，英外相训令文翰，勿以武力强行入城，惟双方应将问题作一规定。
1849	道光二十八年	十二月十一日，酌改《**长芦盐务章程**》。
1848	道光二十八年	是年，**徐继畬**《**瀛环志略**》出版。
1849	道光二十九年	正月十六日，桂林大火，焚毁七千余家。

芦、山东盐务；（二）令各省将历年拖欠钱粮在一定期限内切实清查、筹补；（三）著有漕各省督抚，不得藉词增添漕粮折色，折色部分，亦令招商采买海运抵津；（四）酌添河督养廉银，并酌议裁汰其属下冗缺；（五）逐步开放采矿之禁。这些措施，多为治标之举，于根本扭转情势，收效甚微。

长芦盐务章程 清廷针对长芦盐务疲敝已久，为改善盐务而制订的章程。规定：所有长芦、河南悬岸，尽改票盐，即仿照淮北成案，先课后引。直隶所悬之二十四州县，予限半年，此后商欲改票，票欲改商，皆可随时施行。各处各项支销浮费皆即停减。其引地文武各衙门官役，嗣后永远裁汰。此后行盐，每引准加斤免课，每斤准减价敌私。其各项积欠银二千三百四十三万一千四百余两，著自道光二十九年（1849）按引分摊，征收解部。

徐继畬（1795－1873） 字健南，号牧田，又号松龛，山西五台人。道光六年（1826）进士。任御史多年，屡上疏言时政得失，为时论所重。十六年，出为广西浔州知府。二十六年，擢广

1849	道光二十九年	正月二十八日,徐广缙与文翰会于虎门外英舰,商谈商务、入城及鸦片等问题,均无结果。
1849	道光二十九年	二月初九日,粤民议拒英人入城,连发**揭帖**。
1849	道光二十九年	二月十一日,葡萄牙澳门总督**亚马勒宣布澳门为自由港**。

西巡抚,旋调福建,兼署闽浙总督。二十八年,刊行《瀛环志略》。文宗立,疏请节俭。后以坐事、丁忧夺职回籍,在山西督办防堵太平军事宜;再总办各府州团练,镇压捻军、回民起事。同治二年(1863),命在总理各国事务衙门行走,寻授太仆寺卿。五年,以老疾告归。

瀛环志略 书名。徐继畬撰,十卷。自道光二十三年(1843)起,徐继畬便开始在福建任职。与外人多有往来,乃搜集西人著述,并钩摹地图,历时五年,纂成是书,于二十八年刊行。以战国时邹衍所论中国之外更有大九州、有大瀛海环之,故名。按世界五大洲分国记述史地沿革、社会变迁与风土人情。各卷、篇首均附较粗略的地图。地名、人名皆标点钩出,为一创举。该书属较早论述世界史地之专著。后传入日本,影响颇巨。有道光三十年刊本。

揭帖 将事书写于纸,张贴于通衢要道,俾众所周知,名揭帖,类似于近日之布告。其不具名者,谓之"匿名揭帖"。另,揭帖亦为官府文书之一种,即通本之副本。清制,各省题本到京,

1849—1849

1849	道光二十九年	二月十四日，粤海关自澳门移黄埔。
1849	道光二十九年	二月十七日，密谕徐广缙准英使入城相见，暂游一次。
1849	道光二十九年	二月十七日，亚马勒封闭澳门关闸。
1849	道光二十九年	三月十四日，**法国在上海取得居留地。**
1849	道光二十九年	三月十九日，文翰照会徐广缙，不再辩论进城之议。
1849	道光二十九年	四月初三日，亚马勒驱逐澳门同知，停付租金，并宣布华人擅离澳门者，即没收其财产。

先投送通政使司，同时附三份复本，即揭帖，一存本司，一送有关部院，一送六科，以备查考。清初，在京部院之题本，亦有随本揭帖。

亚马勒（Joan Maria Forreira Do Amaral, ？－1849） 一译亚马留、亚马拉，澳门第七十九任总督。海军出身，早年在巴西参与开拓殖民地的战争中受伤，失去右臂，被称为"独臂将军"。1846年（道光二十六年），抵澳门出任总督，加紧对澳门地区的殖民扩展。多次采取行动毁坏原有的秩序。宣布澳门为自由港，捣毁中国海关，擅自审判澳门华人，激起中国民众的义愤。1849年8月，被中国志士沈志亮等刺杀。澳葡当局历来视其英雄，在四条街道上挂有他的名字。

宣布澳门为自由港 葡萄牙人虽于明代就取得了在澳门的居住

1849	道光二十九年	四月十五日，以徐广缙奏英人入城之议已寝，赏徐广缙子爵，叶名琛男爵。
1849	道光二十九年	闰四月二十四日，谕令五口通商地方督抚，毋许洋人越境闲游。
1849	道光二十九年	闰四月二十六日，申定《两浙盐务变通章程》。
1849	道光二十九年	五月初五日，美国兵船到台湾鸡笼勘查煤矿。
1849	道光二十九年	五月三十日，洪秀全自广东花县到广西桂平，时拜上帝会已拥众万余。

权，但澳门主权属于中国。清代在澳门设有同知一职，每年收取五百两白银的租金。道光二十五年（1845），葡萄牙女王玛利亚二世在缺乏任何法律依据的情况下，擅自宣布澳门为"自由港"。以此为使命，次年，到任的澳门总督亚马勒突然于二十九年二月十一日（1849年3月5日）宣布澳门为自由港，声称澳门的葡萄牙海关已关闭，"当然不能容许一个外国海关继续在澳门办公"。并下令封闭粤海关办公处。

法国在上海取得居留地 自英国在上海取得居留地后，美、法等国亦援以为例，要求取得同样的权利。后法国驻沪领事以胁迫等手段，迫使上海道麟桂于道光二十九年三月十四日（1849年4月6日）宣布，将"南至城河，北至洋泾浜，西至关帝庙、褚家桥，东至湖州会馆，沿河至洋泾浜东

1849	道光二十九年	是年夏，江、浙、赣、皖、鄂、湘等省，发生**特大水灾**。官府相机赈恤。
1849	道光二十九年	六月至七月，沙俄海军乘炮舰由海上侵入黑龙江口和**库页岛**地区。
1849	道光二十九年	七月初一日，英外相巴麦尊愤徐广缙等受赏，令文翰警告中国政府，毋忘1839年之错误。
1849	道光二十九年	七月初五日，葡萄牙澳门总督**亚马勒被刺**身亡。
1849	道光二十九年	七月初六日，澳门政府为亚马勒被刺事件向

北"面积达九百八十六亩的区域，作为法国人的居留地。是为法租界之始。

特大水灾 道光二十九年（1849）入夏以来，南方地区普降大雨，江河暴涨，长江中下游之江、浙、赣、皖、鄂、湘等省，普遍受灾，且灾情严重。特别是江南地区，大雨连下五十日，加之长江中游来水甚大，城乡各地纷纷积水，水情较道光三年（1823）更甚。此时清朝廷虽国势日衰，国库空虚，道光仍按旧例于六月命各省督抚将藩关各库银两酌留备赈，并免商船米税。后又拨内帑一百万两赈灾。不过，此次灾赈，官赈的地位在不少地区，特别是江南已不及民间捐赈。

库页岛 库页又作窟说、库叶、库野。在今黑龙江口外。唐属黑水都督府管辖。元称骨嵬，属水达达路。明称苦兀，归属奴尔干都司管辖。清称库页岛，隶属吉林三姓副都统。道光二十九年

		徐广缙抗议。
1849	道光二十九年	七月初七日,英使文翰向徐广缙抗议,要求履行广州进城协议。
1849	道光二十九年	七月三十日,徐广缙照会澳门议事厅,亚马勒案凶犯已正法。
1849	道光二十九年	九月十八日,以英人复询进城事,命徐广缙劝令勿再坚持。
1849	道光二十九年	十月初三日,以已故朝鲜国王李㷩子昪袭位,命兵部左侍郎瑞常为正使往封。

六、七月后,俄日相继侵入,分别占领北南部,并各自名之为萨哈林岛和桦太岛。然岛上土著居民仍依旧向清地方政府交纳贡物。咸丰十年(1860),中俄《北京条约》签订后,正式被割让。而俄日屡次争议岛上的境界。直至1945(民国三十四年)年二战结束,始全划归苏联。

亚马勒被刺 道光二十九年(1849)二月,葡萄牙总督亚马勒擅自宣布澳门为"自由港"后,又无理公告,要求澳门占有土地之中国居民,必须向葡官厅申领执照即行迁移,否则葡政府将占有其土地及财产,从而激起澳门中国居民之公愤。七月初五日(1849年8月22日),亚马勒外出骑马,行至界栅时,以沈志亮为首的一群义士突然对其发动袭击,并将其杀死。初八日(1849年8月25日),葡萄牙兵乘机将界栅及防守该处的中国炮台占领。后沈志亮向清广州当局自首,被杀。

1849	道光二十九年	十月十三日,湖南新宁**李沅发起事**。
1849	道光二十九年	十月十三日,阮元病逝。
1850	道光二十九年	十一月二十九日,湖南官兵克复新宁城,李沅发率众西走广西。
1850	道光二十九年	十二月十一日,恭慈康豫安成寿禧崇祺皇太后薨。道光帝悲恸异常。
1850	道光三十年	正月初五日,议定皇太后谥号:孝和应天熙

李沅发起事 道光间湖南的会党武装斗争。李沅发（1818—1850），一作李元发,湖南新宁人,天地会首领。道光二十七年（1847）,雷再浩起事失败后,曾参与起义的李沅发于二十九年夏秋间以"把子会"组织汉瑶民众。十月十三日（1849年11月27日）,发动起事,攻占新宁县城。设五营,自称总大哥。三十年正月,突围,进军广西融县、永宁等地,队伍发展到五千人。复设十行,委派军事、先锋等官。转战湘、桂、黔三省二十多个州县。清廷调集湘、鄂、桂、黔四省兵力着力围剿。四月,李沅发战败被俘,解送京师杀害。起事失败。

昌西陵 清仁宗孝和睿皇后钮祜禄氏陵墓,是清西陵三座后陵之一,位于昌陵西面。该陵寝的建筑规模比清其他皇后陵小,没有方城、明楼、宝城、月牙城等建筑,但具有其他帝后陵所没有的回音石和回音壁。

		圣睿皇后。
1850	道光三十年	正月初七日，尊孝和睿皇后陵为**昌西陵**。
1850	道光三十年	正月十四日，道光帝病危，召宗任府令、御前大臣、军机大臣、总管内务府大臣等，公启镡匣，宣示皇四子奕詝为皇太子，并封皇六子奕䜣为亲王。
1850	道光三十年	正月十四日，道光帝驾崩于圆明园，享年六十九岁。

附录

1. 道光皇帝后妃表
2. 道光皇帝诸子表
3. 道光皇帝诸女表
4. 年代对照表
5. 辞条索引
6. 译名对照表

道光皇帝后妃表

位号	姓氏	父	生育子女	卒年	备注
孝穆成皇后	钮祜禄氏	布彦达赉		嘉庆十三年	嘉庆元年册为嫡福晋，二十五年追封为皇后。
孝慎成皇后	佟佳氏	舒明阿	皇长女端悯固伦公主	道光十三年	嘉庆十三年册为皇子继妃，道光二年立为皇后。
孝全成皇后	钮祜禄氏	颐龄	皇三女端顺固伦公主 皇四女寿安固伦公主 皇四子奕詝（咸丰帝）	道光二十年	嘉庆十三年生，初号全嫔，道光五年晋封全贵妃，十三年晋封皇贵妃，十四年立为皇后，享年33岁。
孝静成皇后	博尔济吉特氏	花良阿	皇二子奕纲 皇三子奕继 皇六女寿恩固伦公主 皇六子奕䜣	咸丰五年	嘉庆十七年生，初号静贵人，道光六年册封静嫔，七年晋封静妃，十四年晋封静贵妃，二十年代孝全皇后抚育皇四子奕詝（咸丰帝），晋皇贵妃，三十年尊为康慈皇贵太妃，咸丰五年尊为康慈皇太后，追谥孝静康慈弼天抚圣皇后，享年44岁。
庄顺皇贵妃	乌雅氏	灵寿	皇七子奕譞 皇九女寿庄固伦公主 皇八子奕詥 皇九子奕譓	同治五年	初充常在，道光十九年赐号琳贵人，二十年晋封琳嫔，二十二年晋封琳妃，二十六年晋封琳贵妃，咸丰元年尊为琳贵太妃，十一年尊封琳皇贵太妃，同治五年追谥庄顺皇贵妃。
彤贵妃	舒穆噜氏	玉彰	皇七女 皇八女寿禧和硕公主 皇十女	光绪三年	初号彤贵人，道光十二年册封彤嫔，十四年晋封彤妃，十六年晋封彤贵妃，后复降为贵人，三十年尊封彤嫔，咸丰十一年尊封彤妃，同治十三年尊封彤贵妃。

佳贵妃	郭佳氏			光绪十六年	初号佳贵人,道光十六年册封佳嫔,后复降为贵人,咸丰元年尊封佳嫔,十一年尊封佳妃,同治十三年尊封佳贵妃。
成贵妃	钮祜禄氏			光绪十四年	初号成贵人,道光二十六年册封成嫔,后复降为贵人,咸丰元年尊封成嫔,十一年尊封成妃,同治十三年尊封成贵妃。
和妃	纳喇氏	成文	皇长子奕纬	道光十六年	嘉庆时以宫女入侍潜邸,嘉庆帝以诞育皇孙,特赐封为皇子侧福晋,道光二年册封和嫔,三年晋封和妃。
珍妃	赫舍里氏				初号珍贵人,道光五年册封珍嫔,晋封珍妃。
常妃	赫舍里氏			咸丰十年	初号常贵人,咸丰元年尊封常嫔,十一年追封常妃。
祥妃	钮祜禄氏	久福	皇二女 皇五女寿臧和硕公主 皇五子奕誴	咸丰十一年	初号祥贵人,道光三年册封祥嫔,五年晋封祥妃,后复降为贵人,咸丰元年尊封祥嫔,十一年追封祥妃。
恬嫔	富察氏			道光二十五年	嘉庆时为潜邸侧福晋,道光二年册封恬嫔。
顺嫔				同治七年	初充常在,道光三十年尊封顺贵人,咸丰十一年尊封顺嫔。
恒嫔	蔡佳氏			光绪二年	初充答应,道光三十年晋称常在,咸丰十一年尊为蔡贵人,同治十三年尊封恒嫔。
豫嫔	尚佳氏				初充答应,道光三十年晋称常在,咸丰十一年尊为尚贵人,同治十三年尊封豫嫔。

平贵人				道光三年	
定贵人				道光二十二年	
贵人	李氏				初充答应，道光三十年晋称常在，咸丰十一年尊为李贵人。
贵人	那氏				初充答应，道光三十年晋称常在，咸丰十一年尊为那贵人。

道光皇帝诸子表

齿序	名字	封爵	生母	生年	卒年	备注
长子	奕纬	贝勒	和妃 纳喇氏	嘉庆十三年四月二十一日	道光十一年四月十二日	追封隐志郡王 24岁
第二子	奕纲		孝静成皇后博尔济吉特氏	道光六年十月二十三日	道光七年二月初八日	追封顺郡王 2岁
第三子	奕继		孝静成皇后博尔济吉特氏	道光七年十一月初七日	道光九年十二月二十八日	追封慧郡王
第四子	奕詝	皇太子	孝全成皇后钮祜禄氏	道光十一年六月初九日	咸丰十一年七月十七日	咸丰帝 31岁
第五子	奕誴	惇亲王	祥妃 钮祜禄氏	道光十一年六月十五日	光绪十五年正月十九日	奉旨过继惇亲王绵恺为嗣 59岁
第六子	奕訢	恭亲王	孝静成皇后博尔济吉特氏	道光十二年十一月二十一日	光绪二十四年四月初十日	67岁
第七子	奕譞	醇亲王	庄顺皇贵妃乌雅氏	道光二十年九月二十一日	光绪十六年十一月二十一日	光绪帝父 宣统帝祖父 51岁
第八子	奕詥	钟郡王	庄顺皇贵妃乌雅氏	道光二十四年正月二十六日	同治七年十一月初四日	25岁
第九子	奕譓	孚郡王	庄顺皇贵妃乌雅氏	道光二十五年十月十六日	光绪三年二月初八日	33岁

道光皇帝诸女表

齿序	位号	生母	生年	卒年	备注
长女	端悯固伦公主	孝慎成皇后佟佳氏	嘉庆十八年七月初三日	嘉庆二十四年十月二十日	追封 7岁
第二女		祥妃钮祜禄氏	道光五年正月十三日	道光五年七月十四日	
第三女	端顺固伦公主	孝全成皇后钮祜禄氏	道光五年二月二十日	道光十五年十一月初八日	追封 11岁
第四女	寿安固伦公主	孝全成皇后钮祜禄氏	道光六年四月初六日	咸丰十年闰三月初三日	道光二十一年十月下嫁博尔济吉特氏奈曼郡王之子德穆楚克扎布 35岁
第五女	寿臧和硕公主	祥妃钮祜禄氏	道光九年十月十九日	咸丰六年七月初九日	道光二十二年十二月下嫁那木都鲁氏侍顺之子恩崇 28岁
第六女	寿恩固伦公主	孝静成皇后博尔济吉特氏	道光十年十二月初七日	咸丰九年四月十三日	道光二十五年四月下嫁富察氏博启图之子景寿 30岁
第七女		彤贵妃舒穆噜氏	道光二十年七月初二日	道光二十四年十二月二十日	5岁
第八女	寿禧和硕公主	彤贵妃舒穆噜氏	道光二十一年十一月二十六日	同治五年八月初二日	同治二年十月下嫁钮祜禄氏熙拉布之子扎拉丰阿 26岁
第九女	寿庄固伦公主	庄顺皇贵妃乌雅氏	道光二十二年二月十三日	光绪十年二月十四日	同治二年十一月下嫁博罗特氏裕恒之子德徽 43岁
第十女		彤贵妃舒穆噜氏	道光二十四年三月十七日	道光二十五年正月二十日	2岁

年代对照表（道光朝）

公历	清（道光）	干支	生肖
1821年2月3日	元年正月初一日	辛巳	蛇
1822年1月1日	元年十二月初九日	辛巳	蛇
1822年1月23日	二年正月初一日	壬午	马
1823年1月1日	二年十一月二十日	壬午	马
1823年2月11日	三年正月初一日	癸未	羊
1824年1月1日	三年十二月初一日	癸未	羊
1824年1月31日	四年正月初一日	甲申	猴
1825年1月1日	四年十一月十三日	甲申	猴
1825年2月18日	五年正月初一日	乙酉	鸡
1826年1月1日	五年十一月二十三日	乙酉	鸡
1826年2月7日	六年正月初一日	丙戌	狗
1827年1月1日	六年十二月初四日	丙戌	狗
1827年1月27日	七年正月初一日	丁亥	猪
1828年1月1日	七年十一月十五日	丁亥	猪
1828年2月15日	八年正月初一日	戊子	鼠
1829年1月1日	八年十一月二十六日	戊子	鼠
1829年2月4日	九年正月初一日	己丑	牛
1830年1月1日	九年十二月初七日	己丑	牛
1830年1月25日	十年正月初一日	庚寅	虎
1831年1月1日	十年十一月十八日	庚寅	虎
1831年2月13日	十一年正月初一日	辛卯	兔
1832年1月1日	十一年十一月二十九日	辛卯	兔
1832年2月2日	十二年正月初一日	壬辰	龙
1833年1月1日	十二年十一月十一日	壬辰	龙
1833年2月20日	十三年正月初一日	癸巳	蛇
1834年1月1日	十三年十一月二十二日	癸巳	蛇
1834年2月9日	十四年正月初一日	甲午	马
1835年1月1日	十四年十二月初三日	甲午	马
1835年1月29日	十五年正月初一日	乙未	羊
1836年1月1日	十五年十一月十三日	乙未	羊
1836年2月17日	十六年正月初一日	丙申	猴

1837年1月1日	十六年十一月二十五日	丙申	猴
1837年2月5日	十七年正月初一日	丁酉	鸡
1838年1月1日	十七年十二月初六日	丁酉	鸡
1838年1月26日	十八年正月初一日	戊戌	狗
1839年1月1日	十八年十一月十六日	戊戌	狗
1839年2月14日	十九年正月初一日	己亥	猪
1840年1月1日	十九年十一月二十七日	己亥	猪
1840年2月3日	二十年正月初一日	庚子	鼠
1841年1月1日	二十年十二月初九日	庚子	鼠
1841年1月23日	二十一年正月初一日	辛丑	牛
1842年1月1日	二十一年十一月二十日	辛丑	牛
1842年2月10日	二十二年正月初一日	壬寅	虎
1843年1月1日	二十二年十二月初一日	壬寅	虎
1843年1月30日	二十三年正月初一日	癸卯	兔
1844年1月1日	二十三年十一月十二日	癸卯	兔
1844年2月18日	二十四年正月初一日	甲辰	龙
1845年1月1日	二十四年十一月二十三日	甲辰	龙
1845年2月7日	二十五年正月初一日	乙巳	蛇
1846年1月1日	二十五年十二月初四日	乙巳	蛇
1846年1月27日	二十六年正月初一日	丙午	马
1847年1月1日	二十六年十一月十五日	丙午	马
1847年2月15日	二十七年正月初一日	丁未	羊
1848年1月1日	二十七年十一月二十五日	丁未	羊
1848年2月5日	二十八年正月初一日	戊申	猴
1849年1月1日	二十八年十二月初七日	戊申	猴
1849年1月24日	二十九年正月初一日	己酉	鸡
1850年1月1日	二十九年十一月十九日	己酉	鸡
1850年2月12日	三十年正月初一日	庚戌	狗
1851年1月1日	三十年十一月二十九日	庚戌	狗
1851年2月1日	咸丰元年正月初一日	辛亥	猪
1852年1月1日	咸丰元年十一月十一日	辛亥	猪

辞条索引

【一画】
一炷香教	64

【二画】
十三行招商旧例	88
丁忧	81
丁灿廷、杜文秀等两次至京控告香匪滥杀回民	256
七和卓之乱	256
九龙之役	164

【三画】
三元里民众抗英斗争	190
三合会	142
三点会	99
三教庙	136
大加整顿兴利除弊谕	267
大角、沙角炮台失陷	180
大沽口南岸会谈	175
大班	144
大乘教	112
万城长江大堤决口	232
寸磔	83
上海租地章程	240
上海道	266
义华业	247
义律	132
广东水师巡哨章程	232
广东神庙显灵	192
广东整饬洋务章程	170
广州和约	189
小金匣	47
马他伦	145
马礼逊	65
马礼逊书院	166
马礼逊教育会	127
马边	143
马济胜	115
乡试会试士子夹带惩罚例	236

【四画】
王士雄	154
王引之	125
王宗献起事	248
王念孙	116
王清任	106
王鼎	193
王鼎暴卒	208
王锡朋	197
天父下凡	264

天兄下凡	265	巴麦尊	130
无生老母	159	巴麦尊子爵致中国钦命宰相书	173
韦伯斯特	219	巴彦巴图	68
云州回民起事	249	办赈流弊	134
专谕	153		
中牟下汛九堡黄河漫口	222	【五画】	
中英五口通商章程	222	布彦泰	245
中国丛报	109	布鲁特	72
中国医药布道会	147	玉素普	97
中法黄埔条约	233	甘米力治号	169
中美望厦条约	231	甘结	156
内阁学士	136	龙启瑞	191
仁宗睿皇帝实录	50	平定回疆剿擒逆裔方略	95
仓储	66	东方远征军	171
牛鉴	199	东平社学	226
长芦盐务章程	268	东印度公司	120
长芦盐商	52	东西洋考每月统纪报	119
长清	77	东河	193
长龄	73	叶名琛	260
文蔚	199	卡伦	68
文翰	262	卢坤	87
方东树	105	四川越巂彝民起事	115
火烧十三行事件	216	外委	141
户部库银稽查章程	221	生员	258
邓廷桢	132	失察鸦片烟惩处条例	63
引见	216	乍浦之役	207

白山派	96	回疆兵屯之法	104
白阳教	107	回疆善后事宜	103
冯云山	230	回疆新垦地亩事宜	240
议和条件十四项	178	先天教	127
汉学商兑	106	朱中立	235
宁波女子学塾	234	朱昌颐	74
宁波失守	198	朱贵	204
永北厅彝族起事	54	朱桂桢	101
永芹	69	朱麻子	60
对英宣战	182	朱嶟	137
台湾杀俘事件	215	休战贸易协议	187
圣武记	218	伍敦元	57
		伊里布	149
【六画】		华工	252
亚马勒	270	华英字典	66
亚马勒被刺	273	行商	57
有条件允和	210	全粤义士义民公檄	214
达洪阿	206	全福	174
托津	47	刘允孝	203
扩大上海英居留地	266	刘绎	129
夷人携带鸦片入口治罪专条	161	刘浔	243
夷馆	158	刘逢禄	91
师船	175	刘韵珂	174
回汉互斗事件	238	齐慎	186
回疆八城	80	庆和死难	238
回疆西四城	76	庆保	54

庆祥	50	孙尔准	75
江继芸	194	孙毓淮	230
汛	113	红阳教	108
关天培	124	约则噶毕	244
关差	49		
守制	81	【七画】	
安集延	83	麦都思事件	262
讷尔经额	237	杖	85
许乃济	135	杨庆恩	209
许松年	75	杨芳	80
许球	137	杨秀清	263
祁𡎴	138	杨国桢	94
祁寯藻	168	杨遇春	77
军台	192	克什米尔	249
弛禁天主教上谕	234	苏南四府一州	73
那木觉木多尔济	195	劳崇光	267
那彦成	81	李一原	234
那彦宝	116	李兆洛	202
阮元	60	李沅发起事	274
阳大鹏起事	231	李承霖	170
防范夷人活动补充章程	128	李振钧	88
防范来粤夷人章程	102	李鸿宾	87
收缴趸船烟箱章程	157	严禁内地种卖鸦片章程	99
买办	90	严禁官银出洋及私货入口章程	89
买食鸦片惩处例	103	严塞漏卮以培国本折	148
孙玉庭	70	更改榷关奖惩例	94

289

更定回疆补放伯克章程	84
把总	140
吴文镕	263
吴钟骏	111
吴淞之战	208
吴璥	139
何汝霖	223
伯麦	171
伯驾	131
佟佳氏	52
佛山事件	252
余步云	109
余保纯	189
坐床礼	208
库页岛	272
快蟹	122
汪鸣相	117
张之万	255
张文浩	70
张丙	114
张格尔	50
张禧	184
陈化成	209
陈连陞	176
陈念祖	65
纹银	90
纹银出洋禁例	118

【八画】

青海黑错四沟番乱	245
青莲教	133
武隆阿	76
林召棠	62
林则徐	67
林依祕	242
林鸿年	135
林维喜事件	162
英人强租河南地	254
英军退还舟山条约	244
英和	56
英船再犯鸡笼	200
英船触礁事件	196
招商买米	248
虎门之役	184
虎门条约	224
虎门炮台	128
虎门销烟	160
非刑	53
呼毕勒罕	59
呼图克图	229
呢玛善	54
昌西陵	274

昌陵	49	枷号	86
昇平社学	191	胡夏米	107
罗思举	55	胡超	198
罗宾臣	126	荆州发生旗汉冲突	246
典史	173	刺萼尼	225
金丹大道教	239	南京条约	213
金德润	247	南河总督	70
周天爵	179	南赣	94
京控	66	查禁纹银出洋鸦片入口章程	95
庙号	49	查禁畿辅私藏鸟枪章程	140
府尹	227	赵金龙	105
怡良	155	威灵顿	127
法国在上海取得居留地	271	鸦片	57
郑国鸿	197	鸦片战争	172
宝兴	146	哈丰阿	98
宝泉局	148	哈哴阿	97
定海保卫战	196	拜上帝教	222
官引	99	钜野捻党聚集	236
官员同省回避例	264	钟人傑率众起义	202
官涌接战	165	钟祥	142
弥渡回民起事	261	钦定严禁鸦片烟条例	160
参赞大臣	74	钮祜禄氏	125
织造	48	钮福保	147
		香港岛	180
【九画】		香港宪章	218
帮办大臣	78	香港总督	219

291

保山汉人打夺京控人证	259	姚州白盐井回汉互斗	257
保甲	59	姚怀祥	173
侵华方案	164	姚莹	207
皇贵妃	125	贺长龄	72
皇清经解	92	给事中	137
皇朝经世文编	79		
律劳卑	118	【十画】	
俞正燮	182	桂涵	117
逃走太监治罪例	76	真霍乱	56
奕山	143	恭慈皇太后	52
奕山、隆文退出广州	191	盐政	48
奕山夜袭英军	189	耆英	205
奕经	198	耆英进呈洋枪	224
洋米贸易例	66	聂尔阿	228
洋钱	90	顾盛	220
洪协、郭崇高起事	225	趸船	121
洪秀全	92	恩科	100
洪泽湖高堰十三堡决口	69	特大水灾	272
洪亮吉	91	特依顺	200
流	85	钱票无甚关碍宜重禁吃烟以杜弊	
流民租种苗田章程	126	源片	150
宣布澳门为自由港	270	倭什讷	144
突袭广州	253	臬司	67
穿鼻草约	181	徐广缙	260
穿鼻海战	165	徐继畲	268
美华书馆	243	郭士力	107

郭光侯抗粮事件	229
郭富	186
郭雷枢	146
浙东反攻战	204
浙江休战协定	178
浙江海塘大工	134
浩罕	86
海口事件	168
海国四说	251
海国图志	203
海凌阿	108
海龄	211
浮奢游戏	152
容安	100
容闳	250
祥符三十一堡黄河大决口	193
祥福	185
陶澍	71
通仓	60

【十一画】

副将	176
萧朝贵	265
萧锦忠	236
黄竹歧事件	258
黄河河床疏浚工程	80

黄爵滋	121
票盐法	104
曹振镛	126
龚自珍	200
捻党	61
堂官	152
啯匪	248
赈济河南亢旱	256
眼科医局	131
鄂山	104
崇节俭禁奢侈谕	51
崇恩	237
偷运私酒惩处	89
盘均华	112
旌表建坊章程	255
康輶纪行	261
清厘州县案牍章程	88
清理善后事宜	55
添柱教	139
梁廷枏	251
梁章钜	188
隆文	183
维多利亚女王	167
绵课	56

【十二画】

琦善	64
塔斯哈	97
棚民	141
敬征	223
彭依法	242
葛云飞	195
提镇	130
揭帖	269
紫光阁	83
喀什噶尔违禁易茶惩处条例	93
喀拉提锦部	69
最后通牒	212
最惠国待遇	220
遏止鸦片来源章程	108
程祖洛	111
程矞采	61
焦循	53
惩处鸟枪手律	123
惩治逃走太监章程	145
舒尔哈善	78
曾如炷起事	221
尊号	82
谢朝恩	197
谥号	49
裕泰	239
裕谦	166

【十三画】

瑚松额	113
鼓励江浙商人买米北运办法	250
禁止械斗章程	142
禁纹银出洋章程	138
禁烟六策	149
雷再浩举事	257
署	114
筹集英军赔款情形	214
新疆官员考察制	82
福州发生中英冲突	244
福建水师巡哨章程	235
裨治文	93
缠足	154

【十四画】

嘉庆皇帝遗诏	48
僧格林沁	201
旗昌洋行	168
彰化地震	234
漕粮积弊	51
漕粮海运	71
赛尚阿	210
蜜蜂华报	62

【十五画】

噶勒桑建灿	58
墨海书馆	226
镇江之战	211
镇海之战	197
镇海会议	177
稽查闽广驶往天津海船章程	206
稽查核对捐纳册稿章程	98
稽查新疆北路茶叶、大黄章程	84
德庇时	124
德威士	259
颜伯焘	194
潜习教会者	132
澳门同知	163
澳门总督	163
潘仕成	223
潘锡恩	238
额洼哩斯塔	245

【十六画】

璞鼎查	188
颠地	156
霍乱论	155
穆彰阿	136
禧恩	110
壁德	241

【十七画】

戴均元	49
戴兰芬	59
镭匣	47
魏源	217
徽号	52

【十八画】

藩司	110

【十九画】

瀛环志略	269

【二十二画】

懿律	169

【二十三画】

麟魁	228

译名对照表
*本表依中文译名笔画顺序排列

义华业（Alexander Hill Everetts, 1790—1847）

义律（Captain Charles Elliot, 1801—1875）

马他伦（Admiral Sir Frederick Maitland, 1777—1839）

马礼逊（Robert Morrison, 1782—1834）

马礼逊书院（Morrison School）

马礼逊教育会（Morrison Education Society）

韦伯斯特（Daniel Webster, 1782—1852）

中国丛报（*Chinese Repository*）

中国医药布道会（Medical Missionary Society in China）

文翰（Sir Samuel George Bonham, 1803—1863）

巴麦尊（Henry John Temple Palmerston, 1784—1865）

巴富尔（Sir George Balfour, 1809—1894）

甘米力治号（Cambridge）

布朗（Samuel Robbins Brown, 1810—1880）

亚马勒（Joan Maria Forreira Do Amaral, ?—1849）

毕秋（Beecher）

因义士（James Innese）

伟烈亚力（Alexander Wylie, 1815—1887）

伍浩官（Howqua）

华盛顿（George Washington, 1732—1799）

安德鲁·杰克逊（Andrew Jackson, 1767—1845）

约则噶毕（Joseph Gabet, 1808—1853）

麦都思（Walter Henry Medhurst, 1796—1857）

助治爹利（Douglas）

伯麦（Commodore James John Gordon Bremer, 1786—1850）

伯驾（Peter Parker, 1804—1889）

沙墨尔·罗塞尔（Samuel Russell）

陆怀仁（Michael Navarro, 1809—1877）

阿礼国（Sir Rutherford Alcock, 1809—1897）

阿美士德号（Lord Amherst）

罗宾臣（Sir George Best Robinson）

胡夏米（Hugh Hamilton Lindsay, 1802—1881）

剌萼尼（Théodore Marie Melchior Joseph de Lagrené, 1800—1862）

威灵顿（Arthur Wellesley Wellington, 1769—1852）

香港宪章（*Hong Kong Chapter*）

律劳卑（Baron William John Napier, 1786—1834）

真霍乱（cholera）

顾盛（Caleb Cushing, 1800—1879）

爱尔德赛（Miss Aldersay）

郭士力（Karl Friedrich August Gützlaff, 1803—1851）

郭富（General Sir Hugh Gough, 1779—1869）

郭雷枢（Thomas R. Colledge, 1796—1879）

宴士打剌打厘（P. Anstruther）

康白度（Comprador）

维多利亚女王（Queen Victoria, 1819—1901）

窝拉疑（Vogale）

裨治文（Elijah Coleman Bridgman, 1801—1861）

嘉约翰（John Glasgow Kerr 1824—1901）

蜜蜂华报（A Abelha da China）

旗昌洋行（Russell & Co.）

德庇时（Sir John Francis Davis, 1795—1890）

德威士（John Wesley Davis, 1799—1859）

额洼哩斯塔（Evariste-Reqis Huc, 1813—1860）

颠地（Lancelot Dent）

壁德（Commodore James Biddle, 1783—1848）

璞鼎查（Sir Henry Pottinger, 1789—1856）

懿律（Admiral George Elliot, 1784—1863）

清史事典笔记

清史事典笔记

图书在版编目（CIP）数据

道光事典 / 余新忠编著.—北京：紫禁城出版社，2010.7
（清史事典 / 陈捷先主编）
ISBN 978-7-5134-0023-7

Ⅰ.①道… Ⅱ.①余… Ⅲ.道光帝－生平事迹 Ⅳ.①K827=52

中国版本图书馆CIP数据核字（2010）第134390号

道光事典

主　　编：陈捷先
编　　著：余新忠
责任编辑：杨付红
装帧设计：李　猛
出版发行：紫禁城出版社
　　　　　地址：北京东城区景山前街4号　邮编：100009
　　　　　电话：010-85007808　010-85007816　传真：010-65129479
　　　　　网址：www.culturefc.cn　邮箱：gugongwenhua@yahoo.cn
印　　刷：保定市中画美凯印刷有限公司
开　　本：787×1092毫米　1/16
印　　张：18.75
字　　数：234千字
版　　次：2010年7月第1版
　　　　　2010年7月第1次印刷
印　　数：1~3,000册
书　　号：ISBN 978-7-5134-0023-7
定　　价：35.00元

本书由台北远流出版公司授权出版，限在中国大陆地区发行。